AF458328

Imprimatur.

Sagii, Aprilis 3ª ann. D. 1875.

† Car.-Frid., *Epic. Sagiensis.*

MONSEIGNEUR J.-B. DU PLESSIS D'ARGENTRÉ

SOIXANTE-QUINZIÈME ÉVÊQUE DE SÉEZ.

Jean-Baptiste du Plessis d'Argentré naquit le 1er novembre 1720, au château du Plessis, près de Vitré, en Bretagne. Sa famille comptait des illustrations dans l'Eglise, dans la magistrature et dans les lettres.

Pierre d'Argentré fut sénéchal de Rennes, sous François Ier. Bertrand d'Argentré, né à Vitré en 1519, passe pour un des plus célèbres jurisconsultes de son temps : on a de lui des commentaires sur la *Coutume de Bretagne*. Charles d'Argentré, fils du précédent, revit les œuvres de son père; un autre Charles du Plessis, aumônier de Louis XIV, fut nommé évêque de Tulle. Il mourut en 1740, regretté des pauvres dont il était la providence.

Ce nom, aujourd'hui encore très-noblement porté, devait s'inscrire avec gloire dans la longue liste de nos évêques, et conquérir une place parmi les bienfaiteurs insignes de la ville de Séez.

Jean-Baptiste du Plessis d'Argentré commença ses études au collége de Laval et les termina à celui du Plessis, à Paris. Entré au Séminaire de St.-Sulpice, il y suivit les cours de philosophie et de théologie et se fit recevoir bachelier. Ayant ensuite passé ses examens pour la licence en droit, il devint Vicaire général de Mgr de Coëtlosquet, évêque de Limoges, son proche parent. Il avait un frère, Louis-Charles du Plessis d'Argentré, plus jeune que lui de trois ans. Celui-ci entra également dans l'état ecclésiastique et fut plus tard évêque de Limoges.

Désigné par le roi Louis XV, pour s'occuper de l'éducation des enfants de France, l'aîné des deux frères commença, en 1759, à donner des leçons au duc de Bourgogne, premier fils du Dauphin. Ce prince mourut à neuf ans, et M. d'Argentré continua ses fonctions de « lecteur » auprès de ses trois frères : le duc de Berry (Louis XVI), le comte de Provence (Louis XVIII) et le comte d'Artois (Charles X). Il leur enseignait l'histoire et la géographie.

Après le mariage de Monsieur de Provence avec Marie-Joséphine-Louise de Savoie, Jean-Baptiste du Plessis d'Argentré fut attaché à la maison du prince. Nommé évêque de Tagaste (*in partibus infidelium*), il reçut la consécration épiscopale le 20 mars 1774.

Ce fut en qualité d'aumônier du comte de Provence qu'il assista au sacre de Louis XVI.

En 1775, le siége épiscopal de Séez vint à vaquer par la mort de Mgr Néel de Christot. Le roi proposa, pour le remplir, l'évêque de Tagaste, qui fut agréé par le Pape Pie VI, et ne tarda pas à recevoir ses Bulles de Rome. Il ne prit cependant possession de son évêché qu'à la fin du carême de 1776. A son arrivée, il trouva le palais épiscopal encore rempli des meubles de son prédécesseur et descendit au Séminaire, dont une partie subsiste encore aujourd'hui, rue d'Argentan, et sert d'infirmerie au Petit Séminaire de l'Immaculée-Conception.

Le maire, M. de Lonlay, accompagné de ses échevins, s'empressa de lui faire visite. Il le complimenta et lui offrit, selon l'usage, « le vin de la ville. »

Quelques jours plus tard, Mgr d'Argentré prit possession de son siége très-solennellement et au milieu d'un nombreux concours.

Le diocèse de Séez offrait, dès cette époque, des ressources précieuses pour le ministère pastoral. L'Évêque avait d'abord à ses côtés son vénérable Chapitre, composé de huit dignités et de seize prébendes. Outre les églises paroissiales qui existent actuellement, on comptait alors à Séez St.-Ouen, qui s'élevait au lieu où a été bâtie la Miséricorde, et St.-Germain, situé près du carrefour de la Fortinière. St.-Germain avait pour annexe, *extra muros*, l'église aujourd'hui paroissiale de St.-Laurent. Le Grand Séminaire était, depuis 1744, placé sous la direction des Eudistes. Des prêtres du diocèse tenaient le Petit Séminaire, lequel était à Falaise. Les études y étaient très-bonnes, et les cours de philosophie, que l'on y professait avec grand soin, duraient deux ans. Monseigneur d'Argentré affectionna beaucoup cette excellente maison, qui devait cesser de nous appartenir au Concordat, lorsque Falaise nous fut enlevé pour être incorporé au diocèse de Bayeux.

Parmi les couvents et monastères dont le diocèse de Séez se glorifiait, avant la Révolution, figurait en première ligne la Grande-Trappe, réformée, au XVIIe siècle, par l'abbé de Rancé. La ville de Séez possédait une abbaye de Bénédictins, sous le vocable de St. Martin. Ses constructions, refaites sous le règne de Louis XIV, avaient été achevées vers l'année 1705. Mgr d'Argentré la trouva mise en commende et ne renfermant qu'un très petit nombre de moines.

Les autres établissements de la ville épiscopale étaient l'Hôtel-Dieu, le Collége, la maison des sœurs de la Providence, qui a pris de nos jours de si beaux et de si heureux développements ; enfin le couvent des Cordeliers, qui appartenait à la stricte Observance. Comme l'abbaye, cette maison était déchue de son ancien éclat. On y comptait seulement six ou sept religieux, au lieu de cinquante qu'elle possédait lorsqu'au XVIe siècle Coligny la fit piller par ses Huguenots. C'était, disait-on, le premier couvent de l'Ordre séraphique fondé en France, au XIIIe siècle, par deux compagnons de St. François d'Assise. On conservait, dans l'église des Cordeliers, une Epine de la couronne du Sauveur, qu'ils avaient reçue de St. Louis, ainsi que la lettre constatant cette donation.

Le nouvel évêque de Séez, à son avénement, salua avec bonheur et amour ces monuments vénérables de la foi de nos pères. Il ne soupçonnait pas alors que dans peu d'années ils seraient pour la plupart profanés ou détruits, sous ses yeux, par l'impiété révolutionnaire.

Mgr d'Argentré dut s'occuper tout d'abord de l'état de sa Cathédrale dont la solidité, sur plusieurs points, donnait des inquiétudes. L'Evêché et le Séminaire exigeaient aussi des réparations considérables. On voit du reste, dans un volumineux procès-verbal manuscrit, conservé aux archives de l'Evêché, qu'une enquête minutieuse fut faite pour constater les réparations des établissements diocésains, qui tombaient à la charge des héritiers de Mgr Néel de Christot, prédécesseur de Mgr d'Argentré.

Ce document curieux, à plus d'un titre, commence ainsi :

« Aujourd'hui vendredi, 19 avril 1776, Jean-Baptiste Le Brument, architecte expert reçu au baillage et siége de Rouen, sommes parti de cette ville et le lendemain samedi, après avoir couché à Bernay, sommes arrivé en la ville de Séez, sur les sept heures du soir, et sommes descendu à l'hôtel où est peinte pour enseigne : *la Crosse*, à l'effet de commencer lundi prochain la visite des églises, chœurs, cancels, palais, bâtiments et autres dépendances de l'Évêché de la dite ville. »

Le lundi, 22, à six heures du matin, Le Brument était au palais épiscopal, assisté de Joseph Brousseau, architecte expert convenu, « en présence d'illustrissime et révérendissime seigneur Jean-Baptiste d'Argentré. » Les deux architectes venaient faire reconnaître leurs titres à procéder à l'examen des bâtiments dépendant de l'évêché de Séez.

L'examen fut long et laborieux, et les experts ne tombèrent point d'accord, en ce qui concernait la consolidation de la cathédrale. Un troisième expert, de Mathieu, au diocèse de Bayeux, leur fut adjoint. Son avis donné en bonne forme, sous la date du 16 décembre 1778, semble avoir terminé cette question.

L'expertise et les discussions qui en furent la suite ne devaient point être sans résultat.

Elles appelèrent l'attention du Prélat sur les améliorations à apporter notamment à son Evêché et à sa Cathédrale. Sans retard, il se mit à l'œuvre.

Dès l'année 1778, on commença non-seulement à restaurer, mais à reconstruire l'évêché. Une entreprise si importante fut confiée à l'architecte Joseph Brousseau, qui avait déjà fait ses preuves à Limoges en élevant le superbe palais épiscopal de cette ville.

Les plans dressés, leur application souleva une difficulté de voirie. La rue Royale, aujourd'hui des Moreaux, se continuait à peu près en ligne droite jusqu'à la rue Boucherie. La cour d'honneur et les avant-corps du nouvel évêché devaient intercepter cette ligne et nécessiter la déviation qui existe aujourd'hui. Après des pourparlers et quelques discussions, les plans de l'architecte purent se réaliser, et la ville de Séez vit s'élever un nouveau monument qui, par la beauté de son style et l'agencement harmonieux de toutes ses parties, lui fait honneur aux regards de tous ceux qui la visitent.

A l'intérieur, on remarque d'abord la chapelle, de style grec, « construite, en petit, sur le modèle de la chapelle de la cour à Bruxelles. » Un magnifique escalier conduit à cette chapelle ainsi qu'aux appartements qui regardent le midi. Ces pièces se font suite et présentent de vastes salles ayant chacune leur destination particulière. La seconde, appelée la Salle dés Evêques, renferme une galerie de tableaux disposés en médaillons et figurant les évêques de Séez, depuis St. Latuin jusqu'à Mgr. Mellon Joly, prédécesseur immédiat de Mgr. Charles-Frédéric Rousselet.

Tous ces médaillons sont placés dans l'ordre chronologique; mais tous, comme on le pense bien, ne donnent pas la physionomie réelle des prélats dont ils rappellent le souvenir. On croit néanmoins qu'à partir du XVIIe siècle nous avons les portraits véritables de nos évêques.

L'appartement faisant suite à la salle des Évêques est le grand salon, d'où l'on passe dans le cabinet de travail de Monseigneur.

Au nord, se trouve aussi un très-vaste salon donnant sur le parterre ; c'est le salon des PRINCES, ainsi appelé en mémoire des trois princes, élèves de Mgr d'Argentré. La chambre qui lui est contiguë porte le nom de chambre de Monsieur (le Comte de Provence), auquel elle était destinée.

Mgr d'Argentré avait reçu des sommes importantes de la part des princes pour subvenir aux frais qu'entraîna la construction de son évêché. Il en fut de même, lorsqu'il entreprit la restauration de sa cathédrale, dont il refit à neuf la charpente. Les marbres appliqués sur les piliers du chœur et les boiseries qui leur font suite, dans la direction de la nef, sont dus également à Mgr d'Argentré. Cette sorte d'ornementation était dans le goût du temps, où les monuments du Moyen-Age étaient peu compris, et tous, on peut le dire, n'avaient pour elle que des louanges. Aussi la duchesse d'Angoulême, celle qu'on appela longtemps l'Orpheline du Temple, étant venue à Séez pendant l'épiscopat de Mgr Saussol, surprit beaucoup ceux qui l'entendirent jeter un cri d'étonnement à la vue de ces marbres qui enlevaient aux piliers de la basilique ogivale une partie de leur grâce et de leur majesté.

Mgr. d'Argentré fut plus heureux dans l'acquisition d'un magnifique bas-relief, en marbre blanc, où l'on croit reconnaître le cachet de l'art italien, et qui représente l'invention des reliques de saint Gervais et de saint Protais, par saint Ambroise. Ce travail, d'une exquise délicatesse, était destiné à l'église saint Gervais de Paris ; Mgr d'Argentré, en l'achetant pour sa cathédrale et en le faisant encadrer dans la partie du tombeau de l'autel principal, regardant le chœur des chanoines, témoignait de sa vénération pour les glorieux martyrs, patrons de son Eglise depuis onze siècles.

Mgr d'Argentré avait pu terminer, en huit années, son palais épiscopal. Il commença à l'habiter en 1786. L'évêque de Limoges se trouvait alors à Séez. Il occupa la chambre que son frère, qui l'aimait beaucoup, lui avait fait disposer dans l'aîle gauche du palais, au second étage, pour qu'il pût jouir de la vue de la campagne.

Lorsque Mgr. J.-B. d'Argentré dédia sa cathédrale et son diocèse à la Ste Vierge, ce fut l'Evêque de Limoges qui officia pontificalement à la messe solennelle.

Restaurateur des monuments diocésains, Mgr. d'Argentré n'oublia point la maison de campagne des évêques de Séez, située à Fleuré ; il en entreprit la reconstruction. Il eût surtout désiré élever un vaste séminaire. Il avait, à cette intention, acheté une maison, rue d'Argentan, avec ses dépendances, et l'œuvre était commencée lorsque la Révolution vint l'interrompre. Cette construction aurait pu s'achever, après la conclusion de la paix religieuse, mais elle parut trop coûteuse à continuer, et la partie des murs élevés avant 1790 fut démolie sous l'Empire.

Mgr d'Argentré étendit aussi ses libéralités à la ville de Séez. Pour faire connaître jusqu'où alla, en ce point, le cœur généreux de l'évêque grand seigneur, nous rapporterons une délibération du Conseil municipal de Séez, en date du 12 février 1847. L'un des membres de cette honorable compagnie s'exprima en ces termes :

Messieurs,

« Les inscriptions des rues et places publiques sont le plus souvent de simples indications ; mais c'est aussi quelquefois, par leur dénomination, que l'on perpétue des souvenirs historiques, ou que les citoyens expriment leur gratitude envers les bienfaiteurs de la commune.

La rue actuelle de l'Evêché qui, avant la Révolution de 1791, portait le nom de rue d'Argentré, est un exemple de cette dernière catégorie.

En effet, lorsque Mgr d'Argentré vint prendre possession du siége épiscopal, M. Dambray était maire de Séez. Ce sage administrateur, dont le souvenir vivra longtemps parmi nous, établit bientôt des relations amicales avec l'évêque, parce qu'il y avait estime réciproque et communauté de vues dans l'intérêt général.

Le repavage de la ville était resté depuis longtemps à l'état de projet, faute de moyens pour parvenir à son exécution ; il fallait 300,000 fr. M. Dambray en fit part à l'évêque, et à l'instant, Mgr d'Argentré fournit 50,000 fr. de ses deniers personnels, et en obtint cent autres mille de Monsieur, frère du roi Louis XVI.

Mgr d'Argentré donna à la ville le terrain sur lequel sont maintenant les promenades du Cours ; il le fit enclore et planter à ses frais ; il fit construire au bas les lavoirs publics ; démolir et reconstruire l'évêché ; construire un séminaire immense, dont la Révolution interrompit l'achèvement, et causa la démolition partielle.

Il orna la cathédrale, la fit consolider autant que pouvaient le permettre les connaissances des architectes de l'époque.

Enfin, quand la Révolution éclata, il était sur le point d'obtenir, pour la ville, la création d'un tribunal.

Pendant qu'il comblait ainsi la ville de ses bienfaits, les habitants ne crurent mieux faire, et ne trouvèrent pas de moyens plus ingénieux, pour lui témoigner leur excessive reconnaissance, que de donner son nom à la rue qui conduisait au palais épiscopal.

En 1793, cette rue prit le nom de rue de la Constitution; plus tard, on lui substitua celui purement indicatif de rue de l'Evêché, qu'elle porte maintenant.

Aujourd'hui, en présence des faits que je viens de citer, je viens, Messieurs, pour continuer l'œuvre de reconnaissance de nos ancêtres, vous proposer de restituer, à la rue actuelle de l'Evêché, son nom primitif de rue d'Argentré.

Le Conseil, délibérant sur cette proposition, et sachant très-exacts tous les faits qui y sont énoncés ;

Voulant, aujourd'hui, comme on l'a fait jadis, témoigner à la mémoire de Mgr l'évêque d'Argentré la profonde reconnaissance de la ville pour les bienfaits qu'elle en a reçus ;

Voulant aussi perpétuer, comme encouragement et exemple à tous les citoyens, le souvenir de l'homme de bien, du vertueux prélat qui a embelli la ville par sa fortune particulière ou son crédit, et l'a comblée de largesses ;

Le Conseil, est-il dit, à l'unanimité, est d'avis :

Que le nom de *Rue d'Argentré*, qu'elle avait avant 1791, sera restituée à la rue actuelle de l'Evêché. »

Magnifique et libéral dans sa vie d'administrateur, Mgr d'Argentré, comme évêque, fut le père des pauvres. Il veillait à ce que leurs maisons fussent convenablement réparées, et leur procurait des vêtements et de la nourriture, entourant ses bienfaits du plus grand secret.

Ce bon prélat, qui ne vivait que pour se répandre en largesses et en aumônes, devait bientôt connaître les jours de l'épreuve. La Révolution le trouva occupé à faire le bien ; elle ne le contraignit pas moins à s'exiler de son diocèse et de sa patrie.

L'année 1789 lui fournit le moyen de déployer sa munificence. Le manque d'argent et de denrées, la stagnation des affaires causée par les idées de réformes politiques, tout contribua à aggraver la misère. Mgr. d'Argentré, dans ces douloureuses circonstances, multiplia ses dons et fut imité par son Chapitre.

Les habitants de Séez, touchés de cette bonté inépuisable, entouraient leur évêque et bienfaiteur d'une respectueuse reconnaissance. Ils ne tardèrent pas à lui en donner une preuve, en le nommant maire de leur ville.

Cependant les tendances anarchiques de l'Assemblée constituante et la haine des clubistes contre l'Eglise se manifestaient de plus en plus. Parmi ceux qui avaient applaudi aux premières réformes, croyant qu'on voulait simplement améliorer et non pas bouleverser l'état social, quelques-uns se réveillèrent quand parurent les décrets contre les Ordres religieux.

« Commençons par décatholiciser la France, s'écriait Mirabeau à la tribune. » Le moyen de réaliser cette parole audacieuse avait été, quelques années plus tôt, indiqué par le roi de Prusse, Frédéric II. « Il faut d'abord, écrivait-il à Voltaire, détruire les couvents de moines, qui sont les foyers du *fanatisme* ; après cela nous traiterons les évêques, comme de petits garçons. »

La Constituante voulut appliquer la théorie du roi philosophe. Elle décréta, à quelques mois de distance, la suspension des vœux monastiques et la suppression des Ordres eux-mêmes.

Un peu plus tard, elle votait la Constitution civile du clergé; œuvre néfaste qui allait, pour un temps, plonger la France dans le schisme, troubler profondément les consciences, susciter, dans les provinces de l'Ouest, cette lutte caractérisée, par Bonaparte, du nom de guerre de géants.

Une Assemblée sans mission avait osé réduire seule, sans l'assentiment du Pape, le nombre des diocèses, et en changer la circonscription; de plus, la Constitution civile statuait que « tout nouvel évêque ne pourrait « s'adresser au Pape pour en obtenir aucune confirmation ; mais il lui « écrirait comme au Chef de l'Eglise universelle. »

La loi votée dans les séances du 12 juillet et du 24 août 1790, fut sanctionnée, après bien des hésitations, par Louis XVI, qui devait bientôt déplorer amèrement cette complaisance arrachée à ses convictions.

Quelle douleur profonde ne produisirent pas dans le cœur de Mgr d'Argentré, et cet acte attentatoire à la sainte autorité de l'Eglise et la part qu'y prenait son élève, dont il avait tant de fois contemplé la piété sincère, et qui, devenu le faible et malheureux Louis XVI, apposait son nom au bas d'un Décret lui enjoignant, à lui évêque, de prêter un serment schismatique.

Nous avons sous les yeux un exemplaire imprimé de ce Décret, destiné à être affiché, au commencement de 1791, sur les murs de la ville de Séez. Injonction y est faite à tous les membres de l'ordre ecclésiastique de se soumettre à la Constitution civile et de lui prêter serment dans la huitaine. A la suite, sur la même feuille, se lit un discours du Procureur général syndic du Directoire du département de l'Orne.

Cette pièce, qui porte la date du 7 janvier 1791, semble être une réponse à l'exposé doctrinal que Mgr. d'Argentré avait envoyé aux Administrateurs du département de l'Orne, le 15 décembre 1790.

La longueur de ces documents ne nous permet pas de les reproduire dans toute leur étendue ; les extraits que nous allons citer suffiront pour caractériser les partisans de la Constitution civile, et les montrer imbus de l'esprit janséniste et *régalien* qui fut, au XVIIIe siècle, l'auxiliaire de l'impiété voltairienne. A l'encontre de l'erreur, nous serons heureux d'entendre Mgr. d'Argentré se faisant le vengeur de l'Eglise et le confesseur de la vérité catholique.

Le Procureur syndic s'exprimait ainsi devant ses collègues :

Messieurs,

« Nous vous présentons la Loi relative au serment à prêter par les Evêques, ci-devant Archevêques, et autres Ecclésiastiques fonctionnaires publics, donnée à Paris le 26 décembre 1790, sur le Décret de l'Assemblée nationale, du 27 novembre précédent.

« Cette Loi, justement sévère, doit faire triompher celle pour la Constitution civile du Clergé, des dangereux sophistes qui s'efforcent d'armer contre elle l'aveugle et furieux fanatisme : les lumières de ce siècle philosophe seront toujours l'écueil contre lequel viendront se briser les criminels et impuissants efforts de ces théologiens de mauvaise foi.

« La Loi qu'ils osent critiquer, et à laquelle ils ont refusé de se soumettre, honore à la fois la religion et la raison; elle fait renaître l'ancienne discipline de l'Eglise; elle rend au peuple le droit de choisir ses Evêques.

« Que le Pape soit le chef visible de l'Eglise universelle, c'est une vérité dogmatique reconnue et professée dans le Décret du 12 juillet, qui enjoint au nouvel Evêque de lui écrire, en témoignage de l'unité de foi et de la communion qu'il doit entretenir avec lui; mais que l'on ne nous donne pas pour un dogme, pour un article de foi, cette proposition fausse et erronée, que sans le concours du Pape il ne peut y avoir d'Evêques : des faits innombrables prouvent la doctrine contraire. »

Voici en quels termes Mgr. d'Argentré repoussait ces fausses doctrines: « La loi, disait-il, défend de s'adresser au Pape pour en obtenir aucune confirmation ; elle l'attribue au Métropolitain, au plus ancien évêque, et successivement à tous les évêques de l'arrondissement..... Mais la discipline de l'Église ayant réservé au Pape seul l'institution canonique des évêques, un Métropolitain croirait-il pouvoir la recevoir en vertu du décret d'une puissance séculière, qui ne saurait changer la hiérarchie ecclésiastique des pouvoirs, ni communiquer une puissance ecclésiastique qu'elle n'a pas. Jusque là les évêques, que les Métropolitains pourraient instituer, seraient sans pouvoirs, parce qu'ils seraient sans mission canonique, source unique de toute juridiction spirituelle.

« La loi n'interdit pas au nouvel Évêque tous rapports avec le Pape, mais elle les borne au témoignage de l'unité de foi et de la communion ; or, il est de foi que le Pape est non-seulement le centre de l'unité, mais encore qu'il a une primauté d'honneur et de juridiction dans l'Église. N'est-ce pas méconnaître cette primauté de juridiction, que de défendre aux premiers Pasteurs de l'Église Gallicane d'y recourir ? n'est-ce pas dès-lors séparer l'Église des Gaules de la pierre sur laquelle Jésus-Christ a bâti son Église ? Il n'est pas permis néanmoins de bâtir sur un autre fondement ; car *c'est dans la Chaire de Pierre,* dit saint Augustin, *que Jésus-Christ a placé la doctrine de la vérité. Il n'est*, dit saint Cyprien, *qu'un seul Dieu, un seul Christ, une seule Église, une seule Chaire fondée sur la pierre par la parole de Jésus-Christ. Pour moi*, dit saint Jérôme, *qui ne connais d'autre Chef que Jésus-Christ, je m'unis à la Chaire de Pierre ; quiconque mange l'Agneau hors de cette maison, est un profane.* Tous les Conciles, tous les Pères, tous les Docteurs nous présentent le Souverain-Pontife comme le chef, le Pasteur, le docteur de toutes les Églises, qui a reçu, dans la personne de Pierre, un plein pouvoir pour gouverner l'Église, conformément aux saints Canons adoptés par elle. »

La réduction du nombre des Evêchés et la délimitation que leur assignaient les Décrets de l'Assemblée soulevaient aussi une très-grave difficulté.

Voici comment s'exprimait à ce sujet le Procureur syndic du Directoire de l'Orne :

« La puissance que l'Evêque tient de Dieu, et non de l'Eglise, consiste à enseigner la morale et les dogmes du christianisme, à remettre les péchés, à administrer les sacrements, et à imposer des peines spirituelles à ceux qui transgressent les Lois de la religion.

« Cette puissance d'un Evêque est universelle comme celle des Apôtres ; mais un Souverain peut toujours en limiter l'exercice dans ses états, comme il peut l'empêcher absolument : ce qui n'est pas, à beaucoup près, détruire la puissance, laquelle est essentiellement indestructible. Cette distinction, Messieurs, n'est pas futile ; elle est dans la nature des choses : par elle on démontre que le Décret, pour la Constitution civile du Clergé, ne porte aucune atteinte à la puissance spirituelle des Evêques, dont la mauvaise foi confond toujours l'Evêché avec l'Evêque, duquel il doit être séparé, parce que l'un n'est pas nécessairement uni à l'autre. Cette vérité est prouvée par le fait ; il faut être Evêque avant de posséder un Evêché, et il est plusieurs Evêques qui n'en ont point.

« Un Evêché n'est qu'une portion de territoire assignée à un Evêque, en vertu de Lettres patentes duement enregistrées, pour y exercer le ministère apostolique, dont il est revêtu. La puissance temporelle, qui a jugé convenable, dans un temps, telle division territoriale, peut la supprimer, la changer, la modifier, parce qu'un changement survenu dans les convenances politiques, doit nécessairement en amener un dans les Lois. Le corps législatif, en étendant, limitant et circonscrivant le territoire destiné à former chacun des quatre-vingt-trois Evêchés de France, a usé du droit qui appartient à la puissance temporelle, et à elle seule : il n'a pas prétendu étendre ni limiter la puissance d'un Evêque, comme le territoire d'un Evêché : il sait que le caractère apostolique, dont un Evêque est revêtu, est essentiellement universel, et lui donne la puissance d'enseigner par toute la terre ; il ne lui faut que l'agrément du Souverain sur le territoire duquel il se propose d'exercer son ministère. Telle est la véritable doctrine, celle enseignée par l'Eglise chrétienne pendant près de dix-huit siècles ; celle enfin que suit l'Assemblée nationale. »

L'Evêque de Séez avait à l'avance réfuté ces allégations pleines de sophismes et de mensonges en écrivant les paroles suivantes aux Administrateurs du département de l'Orne :

« Lorsqu'on me proposa de prêter le serment civique, j'y satisfis; mais la religion m'ayant appris que la puissance temporelle est nulle dans les choses spirituelles, je ne crus pas l'offenser en le bornant aux objets qui sont de sa compétence. Dans tout ce qui appartient à l'ordre civil et politique, je proteste encore de l'obéissance la plus entière pendant tout le cours de ma vie. Le Roi n'aura jamais de sujet plus fidèle, et la Patrie de citoyen plus dévoué.

« Mais je ne puis vous le dissimuler, Messsieurs; plusieurs articles de la Constitution du clergé me paraissent inconciliables avec l'autorité et la discipline de l'Eglise, et avec la hiérarchie sacrée que Jésus-Christ a établie.

« Je vous prie de me lire avec attention; cette cause est la vôtre : nous sommes tous enfants de l'Eglise. En qualité de premier Pasteur de la plupart d'entre vous, je vous dois compte de ma doctrine, comme aux autres fidèles de mon diocèse.

« L'Eglise n'est point un établissement humain, c'est Jésus-Christ qui l'a fondée. Il en a ordonné toutes les parties, il a établi la forme de son gouvernement ; il lui a donné le pouvoir de se gouverner elle-même ; il en a fait un gouvernement essentiellement distinct de tous les autres, en déclarant que son royaume n'était pas de ce monde.

« Les pouvoirs que Jésus-Christ a donnés à son Eglise ne résident pas dans les princes de la terre, mais dans le corps seul des premiers Pasteurs. C'est Jésus-Christ, le Pontife éternel, le souverain Evêque de nos âmes, qui les a envoyés immédiatement dans la personne des Apôtres, qui leur a communiqué son sacerdoce et son autorité, et qui leur a confié le soin d'instruire et de conduire son troupeau.

C'est en vertu de cette mission toute divine, que les Apôtres se répandirent dans l'univers, qu'ils fondèrent des églises, qu'ils y préposèrent des Evêques, avec le pouvoir de se perpétuer par l'ordination. *Je vous ai laissé à Crète*, écrivait Saint Paul à son disciple Tite, *afin que vous établissiez des prêtres dans les villes.*

« C'est en vertu de cette mission que les premiers Pasteurs, successeurs légitimes des Apôtres, ont fondé de nouvelles églises, qu'ils ont établi des ministres pour remplir les différentes places du sanctuaire, et qu'ils leur ont asssigné une sphère, au-delà de laquelle ils ne pourraient exercer leurs fonctions.

« Le droit d'établir les chaires et les Docteurs de la loi, de disposer des pouvoirs spirituels, ne peut appartenir qu'à ceux que Jésus-Christ a chargés exclusivement de l'enseignement et de la conduite des peuples. Puisque Jésus-Christ n'a point confié ce ministère auguste aux puissances de la terre, elles n'ont aucun pouvoir à exercer dans tout ce qui a rapport au salut des âmes. *C'est ici un ordre de choses*, dit Bossuet, *où la loi civile, qui commande partout ailleurs en souveraine, doit obéir et protéger ; la puissance de l'Eglise, n'étant autre que celle de*

Jesus-Christ, est, par là même, indépendante de celle des hommes; vouloir la subordonner à la puissance civile, c'est la détruire.

« Il s'ensuit dès-lors qu'aucune puissance humaine n'a le droit de donner des Pasteurs aux peuples, ni de révoquer ceux qui ont été établis par l'Eglise, car c'est un dogme fondamental de notre religion, qu'il n'y a pas d'autre nom par lequel nous puissions être sauvés que le nom de Jésus-Christ. Il faut donc, pour conduire les hommes dans la voie du salut, se présenter à eux au nom de Jésus-Christ, être l'envoyé et le ministre de Jésus-Christ, et tenir de lui-même sa mission et son autorité ; or, l'Eglise étant seule dépositaire de la puissance de Jésus-Christ, peut seule la communiquer. C'est pourquoi le Concile de Trente a décidé, que, « *ceux des Evêques, des prêtres et des ministres des* « *autels, qui n'ayant reçu leur institution que d'une autorité laïque,* « *s'ingéreraient témérairement dans les fonctions sacrées, doivent* « *être regardés, non comme des ministres, mais comme des intrus,* « *qui ne sont point entrés par la porte dans le bercail.* » Il prononce anathème contre ceux qui reconnaîtraient, pour légitimes ministres de la parole et des sacrements, ceux qui ne seraient pas envoyés par l'Eglise, mais qui viendraient d'ailleurs... (Sess. 23, chap. 4). »

Cette profession explicite de la doctrine de l'Eglise était pour le clergé et les fidèles une lumière et un appui. Mgr. d'Argentré vit son Chapitre adhérer pleinement à ses paroles et à sa conduite. Les curés et autres ecclésiastiques des villes de Séez et de Falaise imitèrent cet exemple, et le courageux Pasteur eut la consolation de voir presque tous ceux qui l'entouraient rester fermes au milieu de la tempête.

En même temps qu'il émettait une déclaration aussi nette, Mgr. d'Argentré crut devoir donner sa démission de Maire. Il fut remplacé, le 16 décembre, par M. le Paulmier de la Livarderie.

L'année 1791 débuta par un événement qui devait laisser un souvenir glorieux dans notre histoire diocésaine et illustrer l'épiscopat de Mgr. d'Argentré.

Le 4 janvier, l'Assemblée déféra aux ecclésiastiques, qu'elle comptait dans son sein, le serment à la Constitution civile. Le Président appela d'abord les évêques d'Agen et de Poitiers, puis un prêtre d'Agen, M. Fournet; le quatrième fut M. Leclerc, curé de la Cambe, au canton de Trun, envoyé aux Etats-Généraux par le baillage d'Alençon. Sa réponse fut une magnifique confession de la foi :

« Je suis né, dit-il, dans la religion catholique, apostolique et ro-« maine ; je veux y mourir, et je ne le pourrais pas, en prêtant le ser-« ment que vous me demandez. »

De si nobles paroles arrachèrent cet aveu à Mirabeau : « Nous avons leur argent, mais ils ont conservé leur honneur. » Dix jours plus tard, les chanoines, par arrêté du Conseil général de la Commune de Séez, recevaient la défense de réciter publiquement l'office canonial, et les scellés étaient apposés sur les archives, les ornements et les vases sacrés du Séminaire et de l'église de Notre-Dame du Vivier.

Au mois d'avril suivant, on fit application aux religieux de la loi du 14 octobre 1790, qui les obligeait à sortir de leurs couvents. Mgr d'Argentré eut la douleur de voir les Bénédictins de l'Abbaye et les Franciscains du couvent des Cordeliers, contraints à quitter leurs retraites et à rentrer dans le monde. Il en fut ainsi de tous les religieux des diverses maisons de notre diocèse. La plupart se sécularisèrent. Vingt-quatre Trappistes purent cependant gagner la Suisse, où on leur permit de vivre, à la Val-Sainte, suivant les prescriptions de leur Institut.

La Révolution gagnait du terrain, et l'on pouvait prévoir que bientôt la présence de Mgr d'Argentré, au milieu de son troupeau, deviendrait chose difficile. Un Mandement du zélé prélat, concernant l'autorité spirituelle de l'Eglise, fut interdit par le Directoire du département ; d'ailleurs son refus de prêter le serment schismatique le fit considérer comme démissionnaire.

Avant de voir un *intrus* occuper son siége, une dernière consolation lui était ménagée.

Nous laissons ici la parole à l'auteur des *Recherches pour servir à l'histoire de l'Eglise de Séez pendant la Révolution* :

« L'abbaye et le couvent, dit-il, avaient enfin été abandonnés par ceux à qui des titres séculaires en attribuaient la possession. Les meubles et immeubles étaient devenus, par décret, propriété nationale. Cependant la ville s'attendait bien de revendiquer un objet que, d'après le procès-verbal de recensement du mobilier, les commissaires avaient laissé au couvent, tant il était cher à la dévotion des habitants ! C'était la croix dans laquelle était renfermée la Sainte-Épine, donnée autrefois par le roi Saint Louis aux Cordeliers. Elle était déposée dans le tabernacle de la chapelle de St. Vulfran, en attendant qu'il fût possible de la transférer à l'église Cathédrale. Le Conseil municipal pria Mgr. d'Argentré de désigner la chapelle la plus convenable pour recevoir la précieuse relique. L'Evêque daigna désigner la chapelle de Ste Magdeleine, la première des cinq chapelles absidales du côté du palais épiscopal. Il fut supplié de faire lui-même la cérémonie de la translation, et il accepta.

« La fête eut lieu le 8 mai. Touchante coïncidence ! C'était le dimanche du Bon-Pasteur, et le pieux Evêque allait pour la dernière fois se trouver à la tête de son troupeau : sa mitre ne devait plus être désormais qu'une couronne d'épines ! Le Conseil municipal se réunit en corps ; la garde nationale fut mise sous les armes pour donner plus de pompe à la solennité. L'Evêque, accompagné du Clergé de la ville, composé de MM. les curés, les vicaires, et les autres ecclésiastiques habitués, parmi lesquels devaient être plusieurs des anciens chanoines, se transporta processionnellement de la Cathédrale à l'église des Cordeliers ; puis retournant à la Cathédrale au milieu de l'allégresse publique, il déposa l'Épine vénérée dans la chapelle de Ste. Magdeleine, où elle resta quelque temps. Le procès-verbal de la translation fut rédigé le jour même (1). »

(1) *Semaine Catholique* de Séez, IIIe année, n° 26.

Les autorités révolutionnaires se mirent alors en quête d'un sujet qui consentît à porter le lourd et criminel fardeau de l'intrusion épiscopale. Ils s'adressèrent d'abord à l'abbé Bongard, curé de Carnette, et plus tard, après le Concordat, curé du Merlerault. Sur son refus, on choisit Lefessier, curé de Bérus au canton de St. Paterne; son élection eut lieu dans l'église de Notre-Dame d'Alençon. Il entra à Séez, le 15 mai 1791, et prit possession du palais épiscopal.

Quant à Mgr. d'Argentré, il se retira dans sa maison, place du Friche. Il alla ensuite passer quelques jours dans la respectable famille du château d'Aunay, puis revint à Séez, d'où bientôt il crut prudent de sortir, pour mettre sa personne en sûreté. Il partit, le soir, accompagné du chanoine Péricaud, qui avait pris un déguisement.

M. Maurey d'Orville, dans ses Recherches sur la ville de Séez, raconte ainsi le départ du digne et bon Prélat :

« Mgr d'Argentré fut bientôt convaincu des dangers qu'il courait en restant dans sa ville épiscopale, et il partit le soir incognito, en juillet 1791 ; mais le travestissement de M. Pericaud, qui l'accompagnait, les fit reconnaître à la poste de Nonant, où ils furent arrêtés et obligés de coucher. On mit des gardes dans la chambre de l'Évêque qui fut ramené à Séez. Aussitôt son retour, il médita un voyage plus sûr ; sa voiture fut envoyée à Gacé sur la route de Rouen, où il avait intention de se rendre ; mais pour que ce départ se fît avec plus de tranquillité, Mme Hommey-la-Fortinière donna sa propre voiture, dont elle ne voulut confier la conduite qu'à un de ses fils. Ce jeune homme mit beaucoup de soin à ce que le prélat, qui avait avec lui son secrétaire, ne fût pas exposé. Arrivé à Gacé sans avoir été reconnu, il monta dans sa voiture qui le mena à Rouen. Ce précieux dépôt n'eût pu être remis en de meilleures mains que celles de M. de la Fortinière, qui bientôt après émigra lui-même : il est aujourd'hui chevalier de Saint-Louis et adjoint à la mairie de Séez. M. d'Argentré ne tarda guère à se rendre à Paris, où il vécut fort retiré. »

Cédant au Décret de 1792 qui condamnait à la déportation les ecclésiastiques non assermentés, il passa en Angleterre et de là à Münster, en Westphalie, où il arriva en 1794. Il y reçut, avec son frère, l'évêque de Limoges, la plus charitable hospitalité. Le pays de Münster renfermait un grand nombre d'ecclésiastiques émigrés parmi lesquels on distinguait : les cardinaux de la Rochefoucault, archevêque de Rouen, et de Laval-Montmorency, évêque de Metz ; Nosseigneurs de Puysegur, évêque de Bourges ; de Cicé, évêque d'Auxerre, de la Ferronnaye, évêque de Lisieux ; de Nicolay, évêque de Béziers. Des prêtres du diocèse de Séez s'y étaient retirés en grand nombre. Ce fut pour eux une indicible consolation de vivre auprès de leur vénérable évêque.

La vie de l'exil est ordinairement simple et uniforme, et ceux qui la racontent n'ont assez souvent que peu de faits importants à enregistrer. Dans les notes assez brèves qui nous sont venues de Münster, nous lisons seulement que Nosseigneurs Jean-Baptiste et Louis-Charles du Plessis d'Argentré assistèrent, le 6 septembre 1795, à la consécration de deux évêques, dans la cathédrale de Münstèr. Le prélat consécrateur était Mgr Frantz, archevêque de Cologne.

Absent, l'évêque de Séez vivait en esprit au milieu de son troupeau, qu'il faisait administrer avec toute la sollicitude d'un bon pasteur. Il contemplait d'un œil douloureusement attentif l'état de la France livrée à l'anarchie, et la situation de son diocèse, où l'intrusion multipliait ses sacriléges et ses scandales.

Il avait sollicité et obtenu, du Pape Pie VI, les pouvoirs les plus étendus pour ses prêtres fidèles qui, bravant la persécution, se dévouaient, dans le diocèse de Séez, au salut des âmes. Quant à lui, il n'avait d'autre consolation que celle de prier et de faire des aumônes. Avec sa foi et son cœur, il offrait à Dieu la sainte victime de l'autel, demandant grâce pour les pécheurs et miséricorde pour la France.

Cependant Pie VII, élu Pape le 14 mars 1800, avait succédé à Pie VI, mort à Valence prisonnier de la République française.

Qu'apportait au monde et, en particulier, à l'Eglise de France, ce XIXe siècle qui commençait par l'élection d'un nouveau Pape? « Après un bouleversement politique plus profond et plus radical qu'aucun autre, remarque Mgr. Pie, évêque de Poitiers, n'était-il pas à craindre que l'on ne se réveillât entre les bras d'une église nationale, courbée sous le sceptre de l'autorité civile? »

Dieu ne le voulut pas, et le Concordat de 1801 fut signé entre le pape Pie VII et le gouvernement de la France.

Le souverain Pontife, sans rien concéder de ce qui est intrinsèque à la religion, avait dû souscrire de très-dures conditions. Bonaparte, alors premier consul et principal contractant pour la France, exigeait impérieusement que tous les titulaires des anciens évêchés donnassent leur démission. Le Pape dut demander et même imposer ce sacrifice à des prélats pour la plupart confesseurs de la foi. Le plus grand nombre se résigna; d'autres, avant d'obéir, hésitèrent. Ils représentaient au Souverain Pontife, « que leur douleur les contraignait malgré eux à tempérer leur obéissance. » Dans la suite, ils se soumirent (un seul peut-être excepté), les uns d'une façon directe et absolue, les autres par des actes qui étaient l'équivalent d'une renonciation à leur titre (1). Mgr. J.-B. d'Argentré fut de ces derniers, comme on le verra plus explicitement dans la vie de Mgr. de Boischollet.

(1) « Il est absolument certain, nous écrit un savant religieux très-versé dans la connaissance de l'histoire ecclésiastique, que seul des récalcitrants au Concordat, M. de Thémines, l'ancien évêque de Blois, a laissé des doutes sur sa soumission définitive; et encore paraît-il plus probable et comme assuré qu'il s'est soumis au lit de la mort. »

Cependant les années s'accumulaient sur la tête du vénérable évêque de Séez. Parfois la mort de quelques compagnons d'exil venait lui rappeler que la terre est un passage et le ciel la vraie patrie. Ce souvenir dut surtout lui être présent en assistant, le 27 décembre de l'année 1800, aux funérailles du cardinal de la Rochefoucault, archevêque de Rouen, son métropolitain.

« Le cardinal, lisons-nous, fut inhumé dans la cathédrale de Münster, avec l'assistance du clergé de la ville, des communautés religieuses et de trois évêques émigrés, Nosseigneurs Jean-Baptiste et Charles-Louis du Plessis d'Argentré et Mgr. l'évêque de Digne.

Toujours étroitement uni à son frère, Jean-Baptiste d'Argentré s'aidait de son amitié pour porter le poids de ses épreuves, et tous deux n'ayant qu'un même cœur marchaient d'un même pas dans les voies d'une vertueuse résignation. Aussi pouvons-nous appliquer aux deux frères cette louange inscrite sur la pierre tumulaire du plus jeune : « Ils acceptèrent avec joie la perte de leurs biens, sachant qu'une meilleure possession leur était promise. Dépouillés de leurs richesses, ils conservèrent l'amour de leurs troupeaux, qui, de leur côté, auront toujours en bénédiction la mémoire de leurs pasteurs. Pratiquant, dans l'exil, la charité, ils prélevaient sur leur avoir la part de tous les indigents aussi largement qu'ils le pouvaient. »

Quand de telles œuvres ont précédé un chrétien dans l'éternité, la mort peut venir. Elle fit sentir ses approches à l'Evêque de Séez par des symptômes qui ne trompent pas. Atteint d'hydropisie, il s'éteignit doucement, le 24 février 1805, laissant à son frère le soin de ses funérailles et l'exécution de ses dernières volontés.

Voici un extrait de son testament.

Copie du testament de Mgr. d'Argentré, Ev. de Séez.

« Au nom de la Très-Sainte Trinité. Comme il n'y a rien de si certain que la mort et rien de si incertain que son heure, pour éviter toute difficulté après mon décès ; je Jean-Baptiste du Plessis d'Argentré, Evêque de Séez en France, et Commandeur des Ordres Royaux, militaires et hospitaliers de Notre-Dame du Mont-Carmel et de St.-Lazare, actuellement dans cette ville, dans la paroisse de St.-Servain, ai fait mon testament ainsi qu'il suit :

« Je recommande mon âme à Dieu et laisse mon corps à la terre : Je nomme et institue pour mon seul et unique héritier universel, Louis-Charles du Plessis d'Argentré, mon frère, évêque de Limoges....

« Je laisse à mon dit héritier le soin de ma sépulture ; je ne fais aucune disposition sur les prières pour le repos de mon âme, bien persuadé que la piété de mon frère et son amitié pour moi lui feront faire ce qu'il y aura de plus convenable.»

« Signé à Münster, en Westphalie, le 30 Avril 1799.

« † J.-B. DU PLESSIS D'ARGENTRÉ, *Ev. de Séez.* »

Acte de ces dispositions fut dressé par devant notaire et signé de deux prêtres du diocèse de Séez, exilés comme leur Evêque : Jacques-Louis Godeau, curé de Semallé, diocèse de Séez, et Jean Godeau, curé de Fontenay-les-Louvets.

Entre les immeubles laissés par Mgr. J.-B. d'Argentré, nous signalerons les suivants, dont deux au moins existent encore dans la ville de Séez.

« Une maison, à Séez, près de la porte d'Argentan, avec cour et jardin, faisant ordinairement trois locations.

« Une maison, avec cour et jardin, à Séez, rue d'Argentan, achetée de feu M. de Marigny, dont partie entrée dans la place de la construction du Séminaire.

« Une maison, avec un petit jardin, attenant à celui de l'Evêché, à Séez, servant de logement au jardinier, achetée des héritiers de Mgr. Néel, mon prédécesseur (1). »

Le service funèbre, pour Mgr J.-B. d'Argentré se fit dans la cathédrale de Münster, le 26 février.

Voici l'acte de décès et d'inhumation du Prélat, extrait fidèlement des registres de la cathédrale (S. Paul) de Münster. « — 24ª *Februarii. Hydrope extinctus medio septimæ pomeridianæ obiit* Rmus Dus JOANNES BAPT. DU PLESSIS D'ARGENTRÉ, *Episcopus de Séez (sic) in Gallia ; ætatis* 85 *annorum et sepultus* 26ª *Feb. ejusdem anni.* »

Le corps, déposé dans un simple cercueil en bois, fut inhumé à Münster, dans l'ancien cimetière des vicaires de la cathédrale. La tombe fut recouverte d'une pierre, où Mgr l'évêque de Limoges avait fait graver cette inscription :

(1) Cette maison, de modeste apparence, date du règne de François Ier. Elle a été tout récemment restaurée dans le style de l'époque.

Une inscription gravée sur une des pierres, à droite de la fenêtre principale, porte en caractères gothiques très-bien conservés :

EN L'AN MIL CINQ CENS DIX-SEPT
FUT CE LOGIS ICY PARFET.

HIC JACET
ILLUSTRISSIMUS ET REVERENDISSIMUS
D. JOANNES BAPTISTA
DU PLESSIS D'ARGENTRÉ
SAGIENSIS EPISCOPUS
NEC NON ORDINUM BEATÆ MARIÆ DE MONTE CARMELO
AC SANCTI [LAZARI]
COMMENDATOR
QUI
SÆVIENTE IN CLERUM GALLICAN. PERSECUTIONE
BONUM CERTAMEN CERTAVIT,
FIDEM SERVAVIT
EXSUL PATRIA CUM ILLUST....
DILECTUS DEO ET HOMINIBUS
SACRAMENTIS PERCEPTIS
PLACIDE OBDORMIVIT IN D^{no}
REPOSITA JUSTITIÆ CORONA DECORANDUS
DIE 24^{a} FEBRUARII
ANNO REPARATÆ SALUTIS 1805
ÆTATIS 85, EXSILII 13.
REQUIESCAT IN PACE.

—

DILECTISSIMO FRATRI
HOC PERPETUUM MONUMENTUM MŒRENS POSUIT
PARTICEPS IN TRIBULATIONIBUS
EXSILIIQUE COMES INDIVIDUUS
ILLUSTR^{mus} AC REV^{mus} LUDOVICUS CAROLUS
DU PLESSIS D'ARGENTRÉ
LEMOVICENSIS EPISCOPUS

———

Ci gît
Illustrissime et Révérendissime Seigneur
Jean-Baptiste du Plessis d'Argentré
Evêque de Séez
Et Commandeur des Ordres
De la B. Marie du Mont-Carmel
Et de St-Lazare.
Alors que la persécution sévissait
Contre le clergé français
Il a combattu le bon combat
Gardé la foi.
Exilé de sa Patrie
Il a été aimé de Dieu et des hommes
Et muni des sacrements
Il s'est doucement endormi dans le Seigneur
S'en allant recevoir la couronne
de Justice
Qui lui était réservée.
Sa mort arriva
Le 24e jour de Février
De l'année du Salut 1805
La 85e de son âge et la 13e de son exil.
Qu'il repose en paix.

—

Illustriss. et Révérend.
Louis-Charles du Plessis d'Argentré, évêque de Limoges,
A élevé à son frère bien-aimé
Cet éternel monument de sa douleur.
Il partagea ses tribulations
Et fut le compagnon inséparable de son exil.

Mgr. Jean-Baptiste du Plessis d'Argentré reposait dans ce lieu lointain de la Westphalie, auprès de son frère, mort le 28 mars 1808, lorsque dans le courant du mois d'août 1874, Mgr. Rousselet, évêque de Séez, pensa à rappeler d'un trop long exil les restes de son illustre prédécesseur. Des démarches furent faites auprès de Sa Grandeur Mgr. l'évêque de Münster, et lorsque la demande eut été octroyée, Mgr. l'Evêque de Séez envoya dans la capitale de la Westphalie son premier vicaire général, M. l'abbé Lebreton.

Parti de Paris le mercredi 27 janvier 1875, M. Lebreton était quelques jours après à Münster. L'un de ses premiers soins fut de visiter le lieu de la sépulture de Mgr. d'Argentré. Voici la description qu'il en fait:

L'ancien cimetière des vicaires de la cathédrale de Münster est situé au nord et en dehors de cette église. Il est en plein air, mais entouré par un cloître couvert, qui sert aux processions.

En sortant par le portail nord de la cathédrale, et suivant le cloître, dans une longueur d'environ trois mètres, on rencontre une porte donnant sur le cimetière. Tout près de cette porte se trouvait la tombe de Mgr Jean-Baptiste d'Argentré. Elle était recouverte d'une simple table de pierre qui a été donnée à Mgr. Rousselet, après l'exhumation. Cette pierre est aujourd'hui à Séez, dans le caveau de la Cathédrale. Elle y recouvrira, comme à Münster, les restes de Mgr. d'Argentré.

L'exhumation des restes eut lieu le mercredi, 3 février. Voici le procès-verbal de cette exhumation, tel que nous l'avons publié dans la *Semaine Catholique* de Séez du 18 février 1875.

Dans le cimetière attenant à l'église cathédrale de Münster, du côté du nord, était placée une pierre sépulcrale, de très-grande dimension, et dont l'inscription atteste que là fut enseveli et repose le corps de Révérendissime et Illustrissime Seigneur Jean-Baptiste du Plessis d'Argentré, évêque de Séez, lequel, au temps où la persécution sévissait en France contre le clergé, quitta sa patrie et mourut à Münster, le 24e jour de février 1805, dans la 85me année de son âge et la 13e de son exil.

Dans le but d'obtenir l'exhumation du dit corps, le très-révérend Monsieur J. Lebreton, Vicaire général du diocèse de Séez, s'était rendu à Münster. En conséquence, le 3 février de cette année, devant les témoins, qui étaient le même Révérend M. Lebreton, le Révérend M. Adolphe Tibus, chanoine de l'église cathédrale ; le Révérend Docteur Hense, préfet des études au Séminaire

In cœmeterio Ecclesiæ Cathedrali Monasteriensi ex parte septentrionali proxime adjacenti, positus erat lapis sepulchralis magnæ ad modum molis, cujus inscriptio testatur, sub ipso sepultum requiescere corpus Reverendissimi et Illustrissimi Domini Joannis Baptistæ du Plessis d'Argentré, Episcopi Sagiensis, qui, saviente in clerum Gallicanum persecutione, patriam reliquit et Monasterii die 24 Februarii 1805 defunctus est, ætatis suæ anno 85, exilii 13.

Ad ipsius exhumationem procurandam huc venerat admodum Rev. Dominus J. Lebreton, Vicarius generalis Diœcesis Sagiensis. Die igitur tertia Februarii hujus anni, adstantibus testibus, ipso admodum Rev. Dom. Lebreton, et Rev. Dom. Adolpho Tibus, Ecclesiæ, cathedralis canonico, nec non Rev. Dom. Doctore Hense, studiorum præfecto in seminario episcopali (quorum hi a plurimùm Rev. Dom. Dr Giese,

Ecclesiæ cathedralis canonico et Vicario generali, ad hoc deputati erant), circa horam undecimam antemeridianam lapis iste, quatuor adjuvantibus operariis semotus est, postquam incriptio ejusdem ad verbum a Rev. Dom. Lebreton notata fuerat.

Dein operarii terram hoc loco ipso effodere cœperunt. Post integræ circiter horæ laborem, terra quatuor circiter pedibus alte defossa, fossatores deprehenderunt lignum arcæ sepulchralis, et humo magis magisque remoto, tota hujus arcæ extensio secundum longitudinem et latitudinem conspectui manifesta apparuit. Substantia tamen ligni omnino consumpta erat et non nisi per coloris nigredinem a cetero humo distingui potuit. Cautius nunc terram magis magisque effodere studebant, et post haud longam moram ossium compages integra, undique humo obtecta secundum totam suam extensionem deprehensa est, situ debito, ita ut caput versus partem orientalem respiceret.

Antequam tamen vel minima pars proferretur, ita detegebatur, ut testes adstantes integri corporis extensionem a capite usque ad pedes perspectam haberent. Tunc singula successive ossa a capite sursum usque ad pedum radices ex fossa prolata sunt et reposita in linteo mundo; humo summa cum diligentia iterum iterumque effosso, nihil aliud nisi ossa et dentes inventum fuit.

Postquam ossa ab humo, ipsa undique circumvestiente, purgata fuerunt, testibus continuo adstantibus, a Rev. Dom. Vicario generali Lebreton cautissime in capsa deposita et clausa sunt.

Toti actui, qui circa horam quartam pomeridianam terminabatur, (postsquam ipsum per duas horas

épiscopal (ces deux derniers avaient été délégués comme témoins par le très-révérend Docteur Gièse, chanoine de l'église cathédrale et Vicaire général), avec l'aide de quatre ouvriers, la pierre fut enlevée du tombeau, après que l'inscription en eut été fidèlement copiée par le Révérend M. Lebreton.

Les ouvriers se mirent ensuite à creuser la terre au même lieu. Après une heure de travail, ils étaient descendus à quatre pieds environ de profondeur. Ils rencontrèrent alors le bois du cercueil ; et après qu'ils eurent écarté la terre de plus en plus, la forme entière de ce cercueil, dans sa longueur et dans sa largeur, apparut clairement aux regards. Cependant la substance du bois avait été entièrement consumée, et ne pouvait se distinguer du reste de la terre que par une trace de couleur noire. Les fossoyeurs continuèrent alors à creuser, mais avec plus de précaution ; et l'on ne tarda guère à voir se dessiner, dans toute son étendue, l'assemblage entier des ossements, malgré la terre qui les recouvrait. Leur position était celle qu'ils devaient avoir : la tête était tournée du côté de l'orient.

Néanmoins, avant d'en exhumer même la plus petite partie, les restes furent mis à découvert de façon que les témoins vissent bien l'ensemble de tout le corps, de la tête aux pieds. Alors les ossements furent successivement extraits de la fosse, un à un, depuis la tête jusqu'à l'extrémité des pieds, et placés dans un linge blanc. La terre fut remuée avec soin, à plusieurs reprises, et l'on ne trouva rien autre chose que des os et des dents.

On nettoya les ossements de la terre qui de toute part les enveloppait ; et, toujours en présence des témoins, ils furent déposés avec la plus grande précaution et renfermés dans une caisse par le Rév. Vicaire général, M. Lebreton.

Durant toute cette opération, qui se termina à quatre heures du soir (le travail avait dû être interrompu pendant deux heures), les témoins ci-dessus désignés ne cessèrent point d'être présents.

En foi de quoi, ils ont signé de leur propre main.

Münster, en Westphalie, le 3 février 1875.

ADOLPHE TIBUS,
Chanoine de l'église cathédrale et membre du Conseil de l'évêque.

Dr FRÉD. HENSE,
Préfet des études au Séminaire épiscopal.

Par ces présentes, nous attestons que les personnages ecclésiastiques nommés plus haut ont été députés par nous, pour procéder à l'exhumation des restes du Révérendissime et Illustrissime évêque Jean-Baptiste du Plessis d'Argentré, et pour remettre ces mêmes restes aux mains du Rév. M. Lebreton, Vicaire-général du diocèse de Séez.

Münster, le 3 février 1875.

Dr JOS. GIÈSE,
Vicaire-général de l'évêque de Münster, pour le spirituel.

interrumpere oportebat) jugiter testes supra dicti adstabant.

In horum fidem testes manu propria signaverunt.

Monasterii Westphalorum, die 3 februarii 1875.

ADOLPHUS TIBUS,
Canonicus cathedr. Ecclesiæ et Episcopo Monasterii a consiliis.

Dr FRID. HENSE,
Studior. Prefect. in Sem. Episcop.

Supranominatos viros ecclesiasticos a nobis deputatos esse ad procurandam exhumationem reliquiarum Reverendissimi et Illustrissimi episcopi Joannis-Baptistæ du Plessis d'Argentré necnon ad traditionem earundem in manus Rev. D. Lebreton, Vicarii-generalis diœcesis Sagiensis, hisce testamur.

Monasterii die 3 februarii 1875.

Dr JOS. GIESE,
Vicarius Episcopi Monasteriensis in spiritualibus generalis.

Le lendemain de l'exhumation des restes de Mgr d'Argentré, on lisait dans le journal allemand le *Mercure de Westphalie* :

« MUNSTER, 4 Février. — Au nombre de ces émigrés que la Révolution française chassa de leur pays, et qu'elle amena dans notre ville, se trouvaient aussi deux évêques : Jean-Baptiste du Plessis d'Argentré, de Séez en Normandie, et son frère Charles-Louis, évêque de Limoges. Tous deux arrivèrent ici en l'année 1794. Le premier est mort le 24 février 1805, et le dernier le 28 mars 1808. Ils furent enterrés, l'un près de l'autre, dans le cimetière des Vicaires, du côté nord de la cathédrale.

A la suite de communications échangées, dans ces derniers temps, entre M. Decazes, ministre des affaires étrangères en France, et le Chancelier de l'Etat allemand, M. Lebreton, Vicaire général du diocèse de Séez, est venu ici pour y chercher les restes du premier des deux évêques mentionnés ci-dessus.

Ces restes furent levés de terre hier, dans l'après-midi ; et, le soir, le Vicaire général, M. Lebreton, est reparti pour la France, emportant les ossements parfaitement conservés du vénérable défunt.

Puisse-t-il être épargné à nos petits-fils d'aller chercher plus tard, dans les pays étrangers, les restes mortels de leurs premiers pasteurs, chassés par la Révolution allemande, pour être rendus aux Cathédrales de leurs diocèses ! »

Les restes de Mgr d'Argentré, une fois à Séez, ont été renfermés soigneusement dans un cercueil en chêne garni de lames de plomb et déposés provisoirement dans la chapelle de l'Évêché.

Le clergé et les fidèles du diocèse de Séez ont été profondément touchés en apprenant ces détails qui honorent le zèle et la piété de leur vénérable Evêque. De son côté, la noble et respectable famille d'Argentré, instruite de ce qui venait d'être fait pour un de ses membres, chargea M. le comte du Plessis d'Argentré d'écrire à Mgr Rousselet. Voici un fragment de la lettre de M. le comte d'Argentré :

Laval, 14 Février 1875.

MONSEIGNEUR,

« L'exhumation des restes de Mgr. du Plessis d'Argentré, dont Votre Grandeur veut bien m'entretenir, et dont je viens d'informer le Marquis d'Argentré, mon frère, chef de notre famille, va combler nos vœux. La mémoire de notre arrière grand-oncle a toujours été en vénération parmi ses nombreux neveux, et j'ai pu constater plusieurs fois par moi-même, combien ce saint Evêque avait laissé de souvenirs dans son diocèse.

« Ce sera une gloire à vous, Monseigneur, d'avoir eu la pensée de rapporter ses restes dans sa bonne ville de Séez et au milieu de ses diocésains, pour lesquels il avait toujours témoigné un si grand amour. »

Liste des Ecclésiastiques du diocèse de Séez qui ont reçu l'hospitalité dans les villes et pays de Münster pendant les années **1794** *et* **1795.**

Mgr. du Plessis d'Argentré, Evêque de Séez.

MM. Aveline, Jean, curé de St.-Hilaire-des-N.
Alliot, Louis-François, vicaire de Mieuxcé.
Bachelier, Pierre-Jacques-François, vicaire de St.-Germain.
Beuzelin, Jacques-Adrien, curé d'Aubigny.
Béguin, Jacques, curé de Vignats.
Bloscher, Jacques-Christophe, curé de Ménil-Jean.
Bertrancourt, François-Louis, religieux récollet.
Couasnon (de), César-Jérôme, Vicaire général.
Chausson, Jean-Baptiste, curé de Malnoyer.
Coudray (du), Jacques, vicaire du Pin.
Charles, M., curé d'Argentel.
Collet, Jacques, curé de Boccencey.
Clouet, Louis-Guillaume, vicaire de La Forêt-Auvray.
Crosnier, Pierre, curé de Notre-Dame de La Place.
Dufrische, René-Nicolas, curé de St.-Laurent.
David, André-Martin, curé de St.-Pierre.
Dalmenesche, François, vicaire de Guibray.
De la Chapelle, Louis-Pierre-Fromentier, chanoine de Mortagne.
De la Rivière, Charles-Nicolas, curé de St.-Aubin-de-Montreuil.
Du Coudray, Louis-Jean, curé de Saint-Léger.
Dufliche, P.-Jacques-François, curé de Fleuré.
Ernult, Jacques-Jean-Baptiste, vicaire de la Ferrière.
Fontaine, Noël-Philippe, curé de Bellême.
Fresnais, Jacques-Louis, curé de Batilly.
Fontaine, Jean, curé de Ménil-Vilman.
Fichet, Simon-Antoine, curé de Belhôtel.
Fauvel, Antoine-Jacques, curé de Coulonces.
Guillouard, Julien, curé de Chahains.
Godeschal, Laurent-Jacques-Charles.
Granderi, Joseph-François, vicaire d'Epannay.
Germain, Jean-François, vicaire de Fournay.
Lavallée, Jacques-Thomas, vicaire.
Lebouc, H.-J.-F.-Marie, curé du Bouillon.
Launay, Nicolas-François, supérieur du séminaire de Falaise.
Levain, Jérôme-René, curé de Valframbert.
Leclancher, Jean-Louis, curé d'Evêqueville.
Lefèvre, René, chanoine de Séez.
Legoux, Jacques-Henri, vicaire de St-Hilaire.

Levasseur, L.-Michel-François, curé de Gisney.
Lefoyer, François-Noël, curé de Ste-Honorine-Petite.
Lecointe, Noël-Jean, vicaire de Falaise.
Lavoye, Antoine, curé de Fribois.
Levon, Thomas, religieux prémontré.
Lepinard, Jean-Louis, vicaire d'Aunay.
Margault-la-Vallée, curé de Congé.
Maillard, Jean-Louis-Nicolas, vicaire de St-Gervais.
Martin, Nicolas-Jérôme-Aubin, curé de Mezières.
Mare, Noël-Nicolas, desservant de Ste-Croix.
De Prad, Dominique, Vicaire général.
Pichon, Julien-Jacques, vicaire de Séez.
Postel, François, chanoine pénitencier.
Poitevin, Jean-Nicolas-Mamers, vicaire d'Exmes.
Roger, Charles-François, prêtre.
Roussel, Nicolas-François, curé de Vrigny.
Savary, Jacques-André, curé de Tanques.
Saillant, Jean, prêtre.
Saffray, Jacques-François, chapelain de l'hôpital.
Saucillon, François-Jacques, curé de Montreuil.

Pro veritate :
TIBUS,
Can. Cathedralis Ecclesiæ Monasteriensis.

Liste des Ecclésiastiques du diocèse de Séez admis à célébrer la sainte Messe dans les églises de la ville de Münster.

Bertrancourt, cordelier.
De Couasnon, Vicaire général.
Cheradame, curé.
Cousin, curé.
Godeau, curé.
Godeau, curé.
Guillouar, doyen rural.
Jarry, prêtre.
Levain, curé.
Norry, professeur.

Pro veritate :
TIBUS,
Chanoine de la Cathédrale de Münster.

MONSEIGNEUR DE CHEVIGNÉ DE BOISCHOLLET

SOIXANTE-SEIZIÈME ÉVÊQUE DE SÉEZ.

Monseigneur Hilarion-François de Chevigné de Boischollet descendait d'une très-ancienne famille, originaire d'Angleterre et établie, depuis l'année 1130, dans le duché de Bretagne. Elle était sortie cadette de la baronnie de Chevigné, au duché de Lancastre. Le premier du nom qui passa en France, pendant les troubles arrivés en Angleterre, au XIIe siècle, sous le règne de Mathilde, mère de Henri II, fut François de Chevigné. Il gagna la faveur de Conrad III, dit le Gros, duc de Bretagne, qui lui fit épouser Catherine de Chateaubriant.

A la noblesse du sang devait se joindre, dans la descendance de cette famille, l'éclat de la valeur militaire. Les de Chevigné s'illustrèrent surtout dans la marine. Celui qui devint évêque de Séez eût également suivi cette carrière, si un défaut de constitution et surtout l'appel de Dieu ne s'y fussent opposés. Son père, René-Christophe-Henry de Chevigné de Boischollet, épousa Mlle Magdeleine-Françoise Paris de Soulanges. Leur contrat de mariage porte la date du 1er août 1736.

De ce mariage naquirent six enfants, trois fils et trois filles. Un curieux document nous fait connaître cette famille ; c'est le procès-verbal de l'interrogatoire que subit, le 13 avril 1794, la mère de Mgr de Boischollet, détenue dans les prisons de Nantes avec sa plus jeune fille, Mme Espivent de la Ville-Boisnet :

« Magdeleine-Françoise Paris, veuve de René-Henry Chevigné (1), dit de Boischollet, ex-noble, âgée de 75 ans, demeurant rue de la Commune, no 16, ayant six enfants, dont trois garçons : l'aîné âgé de 56 ans, il était lieutenant-général dans les armées de la République ; il habite actuellement Rennes ; le second âgé de 55 ans, il est marié à Agen ; le troisième âgé de 44 ans, il est prêtre, ci-devant archidiacre de Nantes ; il n'a point prêté serment, et sa mère ignore où il est ; elle sait seulement qu'il a été à Paris, mais il y a bien longtemps qu'elle n'en a eu de

(1) Il était mort à Nantes, prisonnier de la Révolution, le 12 février 1794.

nouvelles. — Sa première fille est âgée de 43 ans, non mariée, ex-religieuse à Neuville ; elle ignore où elle est actuellement; elle a demeuré chez l'abbé Paris, dit de Soulanges, son oncle, décédé il y a quelque temps ; la seconde âgée de 36 ans, veuve Desmares de Chateau-Rénard, à Agen ; la troisième âgée de 34 ans, mariée à Espivent de la Ville-Boisnet ; elle est en état d'arrestation, au Bon-Pasteur, depuis environ quatre mois.»

Le membre du Comité révolutionnaire qui procédait contre Mme de Chevigné, fit à plusieurs reprises porter ses questions sur celui qu'il appelait le ci-devant abbé de Boischollet, et que nous devons faire connaître au lecteur.

Hilarion-François DE CHEVIGNÉ DE BOISCHOLLET, naquit au château de l'Hébergement, situé à sept lieues de Nantes, dans le Bas-Poitou, entre Clisson et la Roche-sur-Yon (1). Devenu prêtre, il se fit remarquer par son zèle pieux, et fut de bonne heure promu aux dignités ecclésiastiques. D'abord Chanoine honoraire, puis Vicaire général, il était nommé, en 1780, à trente-quatre ans, grand Archidiacre du diocèse de Nantes. Dans ces différents postes il rendit d'importants services à son diocèse.

Quand vint la Révolution, il ne prêta pas le serment à la Constitution civile du clergé et resta à Nantes, muni des pouvoirs de son évêque, Mgr. de la Laurentie, qui avait émigré. Il dut néanmoins, pendant quelque temps, quitter la France et passa en Belgique. Il se retira à Enghien, où étaient venus se fixer plusieurs de ses parents, officiers de marine. Il y exerça les fonctions d'Aumônier militaire. Rentré en France, il revint à Nantes et y demeura caché durant les mauvais jours. Sa chambre, convertie en chapelle, était le rendez-vous des fidèles qui, au péril de leur liberté et de leur vie, venaient y recevoir les Sacrements, et en particulier le Dieu qui, aux premiers âges de la foi, fortifiait les martyrs.

Il existait encore, voilà deux ans, dans la campagne aux environs de Nantes, deux vieillards que l'abbé de Chevigné avait mariés dans sa chambre.

Il ne bornait pas son action à soutenir les fidèles, il essayait aussi de ramener les pécheurs égarés, ceux mêmes qui donnaient dans les écarts de la Révolution. C'est ainsi qu'il eut le bonheur de convertir une femme de Nantes, qui s'était montrée plusieurs fois l'ennemie des prêtres et des religieuses. Elle se confessa, revint sincèrement aux pratiques religieuses et s'attacha, ainsi que son mari, à celui qu'elle vénérait comme le Père de son âme. Plus tard, comme nous le dirons, ces deux époux accompagnèrent à Séez Mgr. de Boischollet, et lui donnèrent, dans ses épreuves, les marques du plus courageux dévouement.

L'abbé de Boischollet faillit être victime de son zèle. Poursuivi un jour par les forcenés qui en voulaient à sa vie, il se cacha sous un tas de fagots. Les révolutionnaires l'entourent et sondent les fagots en y enfon-

(1) L'Hébergement appartient au diocèse de Luçon.

çant leurs épées et leurs sabres. Pendant ce temps, le saint prêtre tenait en ses mains une statuette de Notre-Dame de Bon-Secours, à laquelle il avait une grande dévotion. Sa foi dans la protection de Marie devait l'arracher miraculeusement à la mort. La statuette reçut les coups de pointes de sabre et d'épée qui lui étaient destinés, et ses persécuteurs s'étant éloignés, il put sortir de sa cachette sain et sauf et continuer son périlleux apostolat.

Lorsque des jours plus paisibles parurent se lever sur la France, l'ancien archidiacre de Nantes prêta son concours à l'abbé Bernier, ce curé de St. Laud d'Angers, qui fut longtemps l'âme et le conseil des armées catholiques de l'Ouest, et qui, en 1799, travaillait à pacifier la Vendée. L'influence dont jouissait M. de Chevigné par lui-même et par sa famille aida puissamment l'abbé Bernier dans l'œuvre d'appaisement qu'il avait entreprise. Celui-ci s'en souvint; et, après la signature du Concordat, il rappela à Bonaparte les services que M. de Chevigné avait rendus dans la pacification des provinces de l'Ouest, et le désigna au premier Consul comme un sujet propre à remplir un Siége épiscopal. Cette recommandation lui valut d'être nommé à l'évêché de Séez.

Répugnant à occuper un siége dont le titulaire, exilé pour la foi, était encore vivant, il en écrivit à Mgr. d'Argentré, qui lui fit transmettre verbalement sa réponse par M. l'abbé de Malherbe, l'un de ses Vicaires généraux.

« Il assurait M. de Boischollet qu'il avait été fort sensible à la lettre qu'il lui avait écrite au sujet de sa nomination; qu'il y reconnaissait la droiture de ses principes et toute sa délicatesse; qu'il était charmé que le choix fût tombé sur un homme de son mérite, qui avait rendu tant de services au diocèse de Nantes, pendant l'absence de M. de la Laurentie, son évêque. »

Fort de cette assurance, M. de Boischollet ne différa plus la cérémonie de son sacre, qui eut lieu le 16 mai 1802, à Paris, dans l'église St.-Roch. Son intronisation se fit le 25 juillet suivant.

La cérémonie fut très-brillante. « La beauté de la saison, raconte Maurey d'Orville, y avait attiré un concours prodigieux d'habitants du diocèse et même de celui du Mans. Le Préfet du département, le général de division commandant à Alençon, les autorités de cette ville, celles de Domfront, d'Argentan, de Mortagne, de Laigle et des principaux cantons du diocèse assistèrent à la fête.

« L'évêque, qui habitait de la veille le palais épiscopal, fut conduit à sa cathédrale en observant tous les usages établis ; les clefs lui en furent présentées sur un plat de vermeil par le commandant de la gendarmerie de Séez.

« Après la célébration de l'office divin, le Prélat fut reconduit dans le même ordre au Palais, où les habitants lui avaient déjà rendu leurs hommages ; alors ils lui offrirent un banquet de cent couverts... Placé entre le Préfet et le général, il témoigna toute sa sensibilité de la pompeuse réception qui lui était faite ; sa modestie lui concilia tous les cœurs et justifia la réputation de ses vertus apostoliques qui avait précédé son arrivée à Séez. »

Une fois installé, Mgr de Boischollet se mit à l'œuvre, et grand fut son labeur. Le Concordat, en rétablissant en France la religion catholique, ouvrait un vaste champ au zèle des évêques, qui avaient tout à reconstituer. Le Pape avait bien déterminé le nombre et la limite des diocèses, rétabli les Chapitres et assigné leurs titulaires aux églises cathédrales ; mais il restait à tracer la carte géographique des paroisses et à les pourvoir de pasteurs. L'Etat ne se désintéressait pas entièrement de cette organisation, mais le plus lourd du fardeau, surtout en ce qui concernait le choix des ecclésiastiques, auxquels on confierait le soin des âmes, retombait sur l'Evêque. Parmi les ruines que la révolution avait faites, la principale comme la plus profonde avait été causée par le schisme constitutionnel. Les prêtres jureurs, moyennant une rétractation et des garanties de doctrine, de discipline et de conduite, dont les titulaires des diocèses étaient juges devant Dieu et leur conscience, pouvaient être réintégrés dans les fonctions du saint ministère. De là, pour un évêque rempli de foi envers Dieu et de sollicitude pour les âmes, comme l'était Mgr de Boischollet, une préoccupation bien légitime et une vigilance exacte qui devait, au jour de ses épreuves, le faire taxer de sévérité à l'égard des « Constitutionnels. » Cette sollicitude pastorale se révéla dans son premier Mandement, daté de Paris, le 16 frimaire, an 11 de la République (7 décembre 1802). Ce Mandement avait trait à la réorganisation des paroisses et au choix des curés et des desservants.

« Le premier de nos efforts, disait-il, en paraissant au milieu de vous, nos très-chers frères, a été de connaître les nombreux coopérateurs qui nous étaient associés, pour vous donner à tous des pasteurs selon le cœur de Dieu. Chargé d'organiser ce vaste diocèse, nous craignions qu'une erreur dangereuse dans le choix des personnes ne réveillât parmi vous des dissentions que notre cœur voulait à jamais étouffer ; n'attribuez qu'à ce puissant motif les retards qu'à éprouvés cet important ouvrage.

« Nous avons imploré, pour remplir un devoir si pénible, l'assistance et le secours du Père des lumières, auteur de tout don parfait. Nous avons interrogé les ministres vertueux que votre confiance nous désignait, et les sages administrateurs qui vous gouvernent..... Vos besoins, la position de vos paroisses, vos relations mutuelles, tout a été par nous pesé au poids du sanctuaire. »

Mgr de Boischollet terminait son Mandement en déclarant « qu'il érigeait en cures et en églises succursales, les églises paroissiales et succursales désignées dans le tableau rédigé de l'aveu et du consentement exprès du gouvernement. »

Le clergé, comme tout corps hiérarchiquement constitué, vit de règle. Mgr de Boischollet ne tarda pas à envoyer aux prêtres qu'il venait de placer dans les paroisses un Règlement plein de sagesse, où se trouvent consignées les questions qui concernent l'installation des curés et des desservants, l'obligation de la résidence, les préséances, les rapports d'administration, etc.

Sous la même date, 5 Ventôse, an 11 de la République (24 février 1803), il annonçait, dans un Mandement, la suppression et la translation des fêtes, en vertu d'un Indult du cardinal Caprara, Légat *a latere*.

« Qu'il en coûte à notre cœur, s'écriait-il, nos très-chers frères, de vous annoncer la suppression d'un grand nombre de fêtes si touchantes, si vénérables par leur antiquité !... Elles avaient été instituées, ces fêtes, pour l'édification des fidèles ; mais depuis que le relâchement des chrétiens en a fait des occasions de scandale et de désolation, l'Eglise, contristée de la violation de ces saints jours, se voit dans la triste nécessité de supprimer, pour ne pas multiplier les prévarications, ce qu'elle avait établi pour animer la piété et exciter la ferveur. »

Conformément à l'Indult du cardinal Caprara, en date du 9 avril 1802, les fêtes si nombreuses qui se chômaient autrefois en France, étaient supprimées ; quatre seulement, Noël, l'Ascension, l'Assomption et la fête de tous les Saints devaient se célébrer le jour où elles tombent ; quelques autres étaient renvoyées, pour la solennité, au dimanche suivant. C'est cette règle qui, depuis 1803, continue à régir notre calendrier ecclésiastique.

En cette année 1803, Bonaparte, dont l'autorité grandissait avec le prestige de ses victoires, voulut consacrer la date de sa naissance et le nom de Napoléon qu'il avait reçu au baptême, en les associant à la fête de l'Assomption de la Sainte Vierge. Les évêques, saisis de ce projet, se prêtèrent avec empressement à sa réalisation. Mgr de Boischollet, en l'annonçant à son diocèse, fit un tableau saisissant des maux qui avaient pesé sur l'Eglise de France, aux jours de la Révolution ; en regard, il présenta le Premier Consul comme le libérateur suscité de Dieu.

Entendons ici la parole de l'Evêque de Séez. Elle porte la marque de l'époque, et est un écho fidèle du sentiment des peuples, heureux d'avoir recouvré leur liberté religieuse.

« Jérusalem était en cendres ; ses murs et ses remparts étaient démolis ; la charrue traçait des sillons sur le sol qu'avait occupé cette superbe ville ; les Prêtres et les lévites avaient été égorgés sur les degrés du sanctuaire ; les autels renversés, les temples détruits... ; les vases d'or et d'argent destinés à l'usage des sacrifices, enlevés et transportés à Babylone, ornaient les temples des fausses divinités. »

Ces traits, empruntés à l'état de Jérusalem, pillée et dépouillée par les Assyriens, n'avaient pas entièrement cessé de convenir à la France, lors de l'élévation de Mgr. de Boischollet à l'épiscopat.

Le cardinal Consalvi a dépeint, dans ses *Mémoires*, la situation où il trouva notre malheureux pays, au point de vue religieux, lorsque, le 21 juin 1801, il arriva à Paris pour négocier la grande affaire du Concordat. « A cette époque, dit-il, l'habit ecclésiastique dans Paris, comme du reste dans toute la France, était chose absolument hors d'usage. Les prêtres étaient vêtus comme les séculiers ; les églises consacrées à Dieu étaient dédiées à l'Amitié, à l'Abondance, à l'Hymen, au Commerce, aux Jardins, à la Fraternité, à la Liberté, à l'Egalité et autres divinités de la raison démocratique. On ne voyait aucun signe de religion. »

Après avoir été témoin de ce spectacle si douloureux pour la foi, Mgr de Boischollet pouvait bien dire : « La France, étonnée de n'être plus chrétienne, regardait autour d'elle, et n'apercevait que les ruines et les débris de ses autels et de ses temples ; elle avait brûlé ce qu'elle adorait, et elle adorait ce qu'elle avait brûlé....

« Ah ! si nos autels et nos temples subsistent encore, si le peuple chrétien y vient librement rendre à Dieu ses solennelles actions de grâces, célébrer sa bonté et sa miséricorde,.... c'est au Libérateur que la divine Providence nous a suscité que nous sommes redevables de tous ces biens...

« O jour trois fois heureux, jour à jamais mémorable qui a donné un Restaurateur à la liberté de la Religion ! La postérité la plus reculée dira : c'est en ce jour que Napoléon est né,... lui qui a éteint les torches de la discorde, rendu la liberté aux consciences, ouvert les temples du vrai Dieu, relevé ses autels....

« Prions le Seigneur, N. T. C. F., de donner à l'homme de sa droite qu'il a placé sur nos têtes... un cœur toujours docile à ses inspirations, afin qu'il puisse sagement conduire son peuple, et que ses jugements soient rendus dans l'équité et la justice. » Dans le dispositif du Mandement, des prières spéciales et solennelles, à l'intention du premier Consul, étaient prescrites pour le jour de l'Assomption, et devaient s'ajouter aux formules ordinaires de la liturgie.

L'Eglise, selon son tempéramment et ses habitudes, préconisait ainsi l'instrument des miséricordes de Dieu à son égard et lui payait hautement le tribut de sa reconnaissance.

L'âme si noble de Mgr de Boischollet ne pouvait manquer à ce devoir ; il le remplit, non point en courtisan du pouvoir, mais en évêque catholique et français qui comprenait de quelles conséquences était le Concordat pour l'Eglise et pour la France.

Cependant les esprits n'étaient pas tous ralliés à l'autorité du nouvel évêque de Séez, et parmi les mécontents se distinguaient les amis de l'ancien évêque constitutionnel. Ils déclaraient que Mgr de Boischollet était un intrus, occupant indûment la place d'un autre. Ces propos portèrent leur fruit et parvinrent, sur plusieurs points, à troubler les consciences timorées. Afin de les calmer, MM. les abbés Villeroy et de Malherbe publièrent dans la ville et dans le diocèse la pièce suivante que cite Maurey d'Orville, et dont l'original avait été entre ses mains : « Nous, « soussignés, certifions que M. du Plessis d'Argentré nous a mandé, il y « a longtemps, que son intention est que son clergé se soumette à la juri- « diction et n'agisse que sur les pouvoirs donnés par Mgr de Chevigné de « Boischollet; en foi de quoi, nous avons signé, le 9 juillet 1803.

Signé : G. Villeroy. L. de Malherbe.

Quoique émané de deux ecclésiastiques aussi respectables, ce témoignage ne désarma point les mécontents, et Mgr. de Boischollet dut tenter l'œuvre de reconstitution de son diocèse, au milieu de la contradiction. Il savait jusqu'à quel point l'éducation des élèves du sanctuaire importe à la sanctification des peuples. Plusieurs de ses Mandements attestent son zèle à multiplier et à sauvegarder les vocations ecclésiastiques. Il écrit à ses prêtres « qu'il les conjure par les *entrailles de la miséricorde* de Jésus-Christ d'employer tous leurs soins pour persuader à leurs ouailles que si les prêtres sont, comme ils n'en peuvent douter, les canaux des grâces à l'égard des fidèles, les fidèles, de leur côté, doivent faire tout ce qu'ils peuvent pour donner des prêtres à l'Eglise, soit en secondant la vocation de leurs enfants au sacerdoce, soit en redoublant de zèle pour contribuer, autant qu'ils le peuvent, à la souscription en faveur des étudiants.

« Je prie mes chers coopérateurs, ajoute-t-il, d'initier aux éléments des langues latine et française, leurs paroissiens qui se disposent à commencer leurs études, et de leur apprendre le plain-chant. Par ce moyen, ils leur feront éviter la perte d'un temps bien précieux dans les écoles et dans le Séminaire, et me fourniront le moyen, en commençant de bonne heure à polir ces pierres précieuses, de les mettre bien plus tôt en œuvre, pour réparer les brèches que le malheur des temps a faites au sanctuaire. Mes vues se tournent sans cesse vers cet objet essentiel à la conservation de la religion. »

Ces exhortations sont du 20 avril 1806.

En cette année, Mgr. de Boischollet reçut du gouvernement de l'empereur Napoléon, une maison pour y établir son Séminaire. Déjà un certain nombre d'étudiants étaient réunis à l'évêché et se préparaient aux ordres. « Douze clercs, écrivait encore le Prélat en cette même année 1806, de ceux qui sont élevés dans ma propre maison, seront promus dans un an à l'ordre sacré de prêtrise. »

Les bâtiments concédés par le gouvernement, et qui devaient être transformés en Séminaire, n'étaient autres que l'ancien immeuble de Mgr. d'Argentré, situé à la Porte d'Argentan, et qui est connu aujourd'hui sous le nom de Vieux Séminaire. On y pratiqua quelques travaux d'appropriation, la chapelle qui y est attenante fut construite, et les clercs s'y installèrent.

En même temps que ces œuvres s'accomplissaient, Mgr de Boischollet attirait auprès de lui des collaborateurs étrangers à son diocèse qui devaient l'aider tout spécialement à organiser et à discipliner son séminaire.

Comme les hommes constitués en charges et dignités se jugent et s'apprécient non-seulement par ce qu'ils exécutent eux-mêmes, mais aussi par les actes, l'esprit et le mérite de ceux dont ils s'entourent, nous devons faire connaître le supérieur général de la Congrégation des Sacrés-Cœurs et quelques-uns de ses religieux, que Mgr de Boischollet appela dans son diocèse et voulut attacher à son administration.

Le R. P. Coudrin, né au diocèse de Poitiers, fut ordonné prêtre à Paris, le 4 mars 1792, par Mgr de Bonald, « dans la bibliothèque du Séminaire des irlandais, tandis que les révolutionnaires tenaient leur club dans la chapelle de cet établissement. » Il resta en France durant la tourmente révolutionnaire, et s'exposa intrépidement à la détention et à la mort pour le service de Jésus-Christ et des âmes. C'était, dans le grand sens du mot, un homme de Dieu, adonné à l'oraison et aux austérités chrétiennes. Dieu le choisit pour contribuer, de concert avec Mlle Henriette Aymer de la Chevallerie, à la fondation d'une double société de religieux et de religieuses, vouée à l'Adoration perpétuelle du Très-Saint Sacrement, sous le nom de Congrégation des Sacrés-Cœurs. Après le Concordat, le P. Coudrin suivit à Mende Mgr de Rohan Chabot, dont il devint le Vicaire général. Des difficultés lui étant survenues, à l'occasion des prêtres constitutionnels, Mgr de Chabot se démit de son évêché entre les mains du Pape Pie VII, qui se trouvait à Paris pour le sacre de Napoléon.

Mgr de Boischollet connaissait personnellement M. Coudrin, et tenait en grande estime son mérite et sa haute vertu. Il lui envoya le titre de Vicaire général qui fut accepté. Comme M. Coudrin avait l'âme apostolique et du talent pour la chaire, sur la demande de l'Evêque, il donna, en l'année 1805, une retraite dans la cathédrale de Séez, pendant l'Octave du St. Sacrement.

Sa prédication y opéra de grands fruits, et le souvenir de ces salutaires exercices se conserva longtemps dans la ville, ainsi que le nom du saint prêtre, auquel tant d'âmes devaient le bienfait de leur retour à Dieu.

Ce fut dans ces circonstances que Mgr. de Boischollet fit consentir M. Coudrin à se charger de son Séminaire, où tout était à organiser.

Au mois de janvier 1806, le Père Hilarion, et, au mois de juillet suivant, les Pères Astier et Timothée, tous religieux de la Congrégation dont M. Coudrin était le fondateur, vinrent à Séez. Les PP. Hilarion et Timothée professèrent la théologie, et le P. Astier fut établi Supérieur du Séminaire.

Le P. Astier, digne fils de M. Coudrin, était un prêtre d'une science et d'un mérite rare. Il n'aspirait qu'à se dépenser pour le bien de la religion qu'il défendait par sa doctrine et honorait par sa piété, sa modestie et sa grande austérité. Contraint de modérer son ardeur pour la mortification, son supérieur lui écrivait : « Ménagez vos forces, « cessez de coucher sur la planche et de vous abstenir absolument d'ali- « ments gras ; Dieu le veut, je l'exige, votre santé m'est précieuse. »

Emerveillé de la piété édifiante de ces bons Pères, Mgr. de Boischollet voulut avoir, dans sa ville, une maison de religieuses de leur congrégation. Il en écrivit à la Supérieure, Mme Henriette Aymer, qui envoya à Séez une colonie de ses filles pour y établir l'Adoration perpétuelle, et procurer à la jeunesse de leur sexe une éducation conforme à leur position dans la société.

Cette fondation se fit le 30 mai 1807.

Une religieuse présente à la cérémonie d'inauguration vit encore. Nous lisons les détails suivants dans ses notes manuscrites :

« Mgr. de Boischollet s'empressa de nous faire visite. Le pieux Prélat « nous bénit, nous promit sa bienveillante protection et nous autorisa « à conserver le St.-Sacrement. Une petite chapelle fut ornée, et le « 5 juin suivant, premier vendredi du mois, nous eûmes le bonheur « d'avoir la messe. M. Astier nous adressa une touchante allocution, « Jésus-Christ prit possession de son nouveau sanctuaire et l'Adoration « commença. »

C'était une source de grâces qui s'ouvrait à Séez, et qui des SS. Cœurs de Jésus et de Marie devait se répandre dans tout le diocèse et en particulier réjaillir sur l'œuvre du Séminaire.

Cet établissement avait, dans le P. Hilarion, qui était Docteur en Sorbonne, un professeur des plus capables, dans le P. Astier, un Supérieur dont l'austérité était selon les goûts de Mgr. de Boischollet, qui luimême portait le cilice. Ils s'unirent étroitement pour travailler au recrutement et au perfectionnement des clercs et du clergé du diocèse.

Il existe, à la date du 5 avril 1808, un Mandement adressé à tous les ecclésiastiques du diocèse de Séez, chargés de l'instruction des clercs. C'est un monument de zèle et de sagesse pastorale. On y voit éclater d'un côté le désir d'attirer de nombreux ouvriers dans le champ du Seigneur, de l'autre la prudence et l'esprit de foi qui ferment l'entrée et barrent le passage du sanctuaire aux indignes et aux hommes sans vocation.

« Nous devons tous verser des larmes, disait le saint Prélat, à la *vue de la grandeur de la moisson, et du petit nombre d'ouvriers.* Mais nous ne devons pas pour cela être moins circonspects dans le choix de ceux qui demandent *à être envoyés.* Ce choix ne doit tomber que sur ceux dans lesquels une vie sage et innocente aura montré de loin de bons prêtres. Des mœurs pures, des talents suffisants, un amour soutenu du travail, un goût comme inné pour le service des Autels, une piété sincère qui annonce que ce goût est une inspiration de la grâce, voilà les titres qu'il faut produire pour demander l'entrée du sanctuaire.....

Quand vous trouverez parmi vos ouailles, nos dignes Coopérateurs, quelques-uns de ces enfants privilégiés..... travaillez avec zèle, à préserver ces chers enfants de la contagion du siècle, pour qu'ils puissent, le jour de leur Ordination, s'offrir à Dieu, comme des victimes sans tache.»

A la suite de ces considérations, manifestement inspirées par l'esprit d'en haut, venaient diverses prescriptions.

En voici quelques-unes qui appartiennent plus spécialement à notre histoire diocésaine.

« Nous exigeons que tous les aspirants à l'état ecclésiastique, qui étudient dans des écoles sur lesquelles nous n'avons point la surveillance ordinaire, soient soumis à des supérieurs de notre choix, qui seront, savoir : pour ceux qui étudient à Caen, M. Viel, prêtre de notre diocèse, professeur de philosophie ; pour ceux qui étudient à Domfront, M. Goulard, vicaire de Saint-Julien ; pour ceux qui étudient à Argentan, M. Desgenettes, vicaire de Saint-Germain ; pour ceux qui étudient à

Alençon, M. Chorin, vicaire à Notre-Dame ; enfin pour ceux qui étudieraient à Séez, M. Astier, supérieur de notre Séminaire.

« Les élèves pour l'état ecclésiastique se feront inscrire de bonne heure, comme y aspirant, et au plus tard un an avant de recevoir la tonsure. Tous ceux de l'arrondissement de Domfront, des cantons de Putanges, Briouze et Carrouges, se feront inscrire à la Ferté-Macé, par le supérieur de notre Petit Séminaire, ou à Tinchebray, par le principal du collége. Ceux des autres parties du diocèse devaient se faire inscrire par le supérieur de l'Ecole ecclésiastique de Laigle, ou par le directeur du Pensionnat de Vimoutiers, ou par le supérieur du Grand Séminaire.

Ces détails nous montrent que l'Eglise avait profité de la liberté religieuse, et que sur divers points de notre diocèse, le clergé s'était empressé de réorganiser l'enseignement compromis et ruiné, comme tant d'autres choses, par l'esprit et les œuvres de la Révolution.

Le concours prêté à l'évêque de Séez, par le R. P. Astier, fut des plus efficaces. La situation du Séminaire s'améliora, et le diocèse n'eut qu'à se louer de la conduite sage et pieuse imprimée aux clercs par leurs vertueux directeurs. Le P. Astier s'était très-particulièrement concilié la vénération, et promptement il était devenu le conseiller d'un grand nombre d'ecclésiastiques qui, dans leurs difficultés, recouraient à ses lumières. Il resta à la tête du Séminaire jusque vers 1809, époque à laquelle il dut se retirer, soit par amour de la retraite, pour laquelle il sentait un attrait spécial, soit, comme on le rapporte, à cause de son attachement « aux doctrines romaines. »

Napoléon avait voulu faire signer aux professeurs des séminaires de son empire l'engagement d'enseigner les *Quatre Articles* de l'assemblée de 1682. Sans doute le Père Astier et ses confrères en religion refusèrent, et durent quitter le séminaire de Séez.

On lit dans l'ouvrage qui a pour titre *Les martyrs de Picpus*, et qui a été composé par un religieux des Sacrés-Cœurs (p. 116) : « L'évêque « de Séez, Mgr de Boischollet, eut aussi recours au P. Coudrin pour « relever son séminaire de ses ruines. L'œuvre eut un plein succès ; « mais l'attachement de nos Pères aux doctrines romaines fit allumer « contre eux le feu de la persécution. Napoléon exigea de l'évêque le « changement du personnel. Ce prélat crut devoir céder à l'orage. »

M. Astier demeura à Séez, avec le titre de chanoine titulaire, et le séminaire fut confié à MM. Bazin, Boisnet et Mousset-Ducaillou, qui signèrent l'engagement non point d'enseigner, mais, comme le disait l'un d'eux, M. Boisnet, « d'expliquer » les Quatre articles. Les soins donnés à son Grand Séminaire n'avaient point fait négliger à l'évêque de Séez les autres parties du ministère pastoral.

L'un de ses principaux soins était de s'entourer, dans son administration, d'hommes réunissant la science et la piété.

Se trouvant à Paris, vers l'année 1806 ou 1807, il confiait ses sollicitudes d'évêque à M. Duclaux, de Saint-Sulpice, et le priait de lui indiquer des sujets dont il pût faire ses auxiliaires. — Mais, lui répondit le vénérable Directeur, vous possédez dans votre diocèse une perle précieuse, M. Le Gallois, curé de Couterne. Il a étudié chez nous avant la révolution et il est Docteur en théologie ; c'est d'ailleurs un homme de Dieu, qui a fait ses preuves aux jours de la persécution. — Sur ces renseignements, Mgr. de Boischollet nomma M. Le Gallois Vicaire général honoraire. Parmi les services que M. Le Gallois rendit au diocèse, il faut mettre au premier rang le concours qu'il apporta à la fondation et au développement du Petit Séminaire de la Ferté-Macé.

Cet établissement avait débuté dans une maison plus que modeste qui se voit encore à la Ferté, dans le voisinage de la gare. M. Le Gallois donna du sien, provoqua des souscriptions, et des bâtiments plus spacieux reçurent de nombreux élèves, parmi lesquels le Petit Séminaire de la Ferté s'honore de compter le digne M. Hamon, mort, il y a quelques mois, curé de Saint-Sulpice, à Paris.

M. Le Gallois, homme d'action, était aussi un conseiller très-prudent que l'évêque de Séez écoutait volontiers et dont il recevait avec déférence les judicieuses observations.

Dans son zèle pour la sanctification de son troupeau, Mgr. de Boischollet favorisait les missions données dans les paroisses. La Cathédrale jouit de ce bienfait dans les années 1804 et 1805. Le diocèse de Séez vit aussi son clergé se rendre aux retraites ecclésiastiques, rétablies par le saint évêque.

Mgr. de Boischollet entreprit la visite des diverses parties de son diocèse, et administra le sacrement de Confirmation à un grand nombre de fidèles qui depuis longtemps n'avaient pu le recevoir.

Homme de cœur, il s'occupait de tous ceux qui pouvaient souffrir. Il s'appitoyait tout particulièrement sur le sort de ses prêtres et se demandait, avec une sollicitude paternelle, comment ils pouvaient vivre, ne recevant qu'un modique traitement de cinq cents francs. Ce point l'inquiétait, et souvent il en entretenait ses familiers. Assez peu pourvu du côté des biens de la fortune, il avait une vraie tendresse pour les indigents. « Mgr. de Boischollet, dit Maurey d'Orville, se montra toujours charitable envers les pauvres, et il secourait ceux qui cachent leurs misères, quand il pouvait les découvrir. Quoiqu'il eût peu de fortune, il défrayait les curés et desservants qui, suivant l'ancien usage, se rendaient tous les ans à Séez pour la retraite. Ce fut lui qui fit rétablir une des chapelles à gauche du maître-autel de la cathédrale, qu'il mit sous l'invocation de la Sainte-Épine que M. du Bordage, procureur de la Commune pendant la Révolution, avait conservée. »

Tandis qu'il accomplissait ainsi l'œuvre de Dieu, un orage se formait contre lui. L'Evangile nous montre fréquemment Jésus-Christ épié par les Pharisiens et les Scribes dans tous ses discours et jusque dans l'accomplissement de ses miracles. Mgr de Boischollet, disciple fidèle du divin maître, avait part à ses contradictions ; on amoncelait contre lui des griefs, on lui reprochait même certains propos où, sans ombre de malice, il semblait faire la critique du caractère un peu dissimulé des Bas-

Normands: « Pour moi, répétait-il souvent, je suis franc comme un Breton. »

Trois chefs d'accusation beaucoup plus considérables étaient dirigés contre lui par ses adversaires :

On lui reprochait sa conduite à l'égard des prêtres jureurs, pour lesquels on le trouvait trop rigide, alors que dans la réalité il n'était que juste et prudent.

On incriminait son absence au mariage des Rosières. On appelait ainsi des jeunes filles qui, par leur conduite irréprochable, méritaient de recevoir, à certain jour de l'année, une couronne de roses, laquelle était bénite à l'issue des Vêpres, et de plus on leur donnait, comme dot, la somme de 25 fr. Cette institution fondée en 535, par S. Médard, évêque de Noyon, avait été supprimée en 1790. Elle reparut dans les premières années du XIXe siècle, et Séez alors eut ses Rosières qui recevaient leur dot de 25 fr., à condition qu'elles épouseraient des militaires ayant servi dans l'armée française. On eût voulu que Mgr de Boischollet assistât à ces mariages.

Le troisième grief allégué, portait sur la célébration des Fêtes supprimées et non transférées, que le pieux Prélat avait engagé, dans une lettre Pastorale du 24 août 1808, à garder comme fêtes de dévotion, et dans lesquelles il exhortait à chanter la messe et les vêpres. Cette recommandation semblait conforme à la teneur de l'*Indult* du Cardinal Caprara, donné à Paris le 9 avril 1802. Cependant le Ministre des Cultes, en exécution des ordres de l'Empereur, écrivit aux évêques, le 7 décembre 1810, « que l'intention formelle de sa Majesté était que le service divin, aux jours des fêtes supprimées, se bornât à des Messes basses, dites suivant le rit du jour et sans autre sonnerie que celle d'usage pour les jours ouvrables. »

Au reçu de cette lettre, le premier mouvement de Mgr. de Boischollet fut d'écrire à ses prêtres de garder leurs usages; mais quelques jours plus tard, le 11 décembre 1810, sur les observations de M. Le Gallois, il s'adressa en ces termes à son clergé :

« Pour nous conformer aux intentions de sa Majesté, nous avons défendu et défendons de chanter la Messe et les Vêpres aux jours des fêtes supprimées, à l'exception de celle de la Circoncision, comme aussi de faire aucune procession, soit à l'intérieur soit à l'extérieur des églises et rien de ce qui tient à une solennité, comme la bénédiction de l'eau, du pain et des cierges. »

Nous signalons ces faits, où éclatent la grande docilité de l'Evêque et son désir de la paix. Hélas! l'empressement avec lequel il modifie sa première pensée, après avoir reçu la lettre du Ministre des Cultes, ne le mettra pas, six mois plus tard, ni lui, ni M. Le Gallois, son Vicaire général, à couvert des violences rigoureuses et injustes de Napoléon.

Il est temps de raconter le drame historique, qui rompit brusquement le cours d'un épiscopat déjà rempli d'œuvres saintes et si grandement utiles au clergé et aux fidèles du diocèse de Séez.

Napoléon se trouvait alors engagé dans la voie de la persécution contre l'Eglise. Par un décret daté de Vienne, le 17 mai 1809, il avait déclaré le Pape privé de ses Etats ; et, dans la nuit du 5 au 6 juillet suivant, Pie VII s'était vu arraché de son palais du Quirinal, par le général Radet, conduit, sous une escorte de gendarmes, à travers l'Italie, et finalement enfermé comme captif à Savone.

A l'envahissement de Rome et de l'Etat Pontifical, le Pape avait répondu par une Bulle d'excommunication. Prisonnier, il refusait l'institution canonique aux sujets que l'empereur désignait pour l'épiscopat. Ne voulant point paraître vaincu dans cette lutte contre un vieillard désarmé, après avoir triomphé de tous les souverains de l'Europe, Napoléon résolut de mettre les affaires ecclésiastiques de la France sous sa main, en convoquant, à Notre-Dame de Paris, un concile national. Pour atteindre son but, il crut qu'il était opportun d'user d'intimidation envers l'épiscopat. C'était là d'ailleurs un des expédients assez ordinaires de sa politique.

Il parcourait les départements de la Normandie, sous l'empire de ces pensées, lorsqu'il donne rendez-vous, à Alençon, au sénateur Rœderer, chargé de la surveillance spéciale de la Province. Le samedi, 31 mai, il part le matin de St.-Lô et se dirige vers Alençon, ayant avec lui l'impératrice Marie-Louise. Mgr de Boischollet, qui avait entendu vanter la piété de la princesse, supposa, qu'en passant à Séez, elle obtiendrait de son auguste époux de faire une station à la cathédrale. Le confiant évêque avait en conséquence fait préparer et orner son église. Pour lui, revêtu des habits pontificaux, il se tenait sous le portail, entouré de son clergé. Il était six heures du soir, lorsque la voiture de l'empereur arriva en vue de la cathédrale. « Touche, cocher, » s'écria Napoléon en apercevant l'Evêque, et la voiture passa outre.

Mgr de Boischollet, qui avait été, dans ces dernières années, nommé Baron de l'Empire et Chevalier de la Légion d'honneur, ne vit là rien qui décelât un mécontentement contre lui. Il se retira, attribuant ce qui était arrivé à la fatigue des voyageurs et à l'heure déjà avancée. Le maître de poste de Séez, M. Condé la Fortinière, fut du reste prié de faire prompte diligence et de gagner Alençon au plus tôt. Il franchit les cinq lieues qui séparent les deux villes avec une vitesse restée légendaire dans l'esprit des habitants de Séez.

A peine arrivé, l'empereur s'informe de l'esprit des populations, puis il en vient au clergé. — Qu'est-ce que l'évêque, demande-il ?—Sire, c'est un Breton, ancien Vicaire général de Nantes. — Je le croyais allemand. Est-il bon ? — Il est peu aimé. — Pourquoi ? — A cause qu'il a outré les mauvais traitements à l'égard des prêtres assermentés. — Il est donc obstacle ? — Plutôt obstacle que secours. »

Ces questions indiquaient que Napoléon n'avait point à l'avance de griefs bien formels contre l'Evêque de Séez. Il connaissait tout au plus son grand attachement au Souverain Pontife ; mais, à n'en pas douter, des renseignements plus explicites lui furent communiqués par les ennemis du saint prélat, et là scène du lendemain fut résolue.

Cependant Mgr de Boischollet, retiré dans ses appartements, se disposait à prendre son repos, lorsqu'à dix heures du soir un courrier lui annonça qu'il eût à se rendre le lendemain matin à Alençon, avec tous ses chanoines.

La coïncidence de la fête de la Pentecôte lui fit penser que l'empereur voulait assister à la messe, en cette grande solennité, et rehausser, par la présence de l'évêque, l'éclat de la cérémonie. Il s'en réjouit, trouvant dans cette manifestation religieuse plus qu'une compensation au petit déboire qu'il avait subi quelques heures auparavant.

Le lendemain, dans la matinée, il était à Alençon et se préparait à officier pontificalement, après qu'il aurait offert ses hommages à leurs Majestés et présenté les ecclésiastiques qui l'accompagnaient. Introduit auprès de Napoléon, qui avait alors à ses côtés le prince Eugène et le Grand duc de Vurtzbourg, venus pour assister à son lever, l'évêque comprit bientôt qu'une terrible épreuve le menaçait.

Voici le dialogue qui s'établit entre eux et que rapporte le comte Rœderer, témoin de l'entrevue. « Vous êtes l'évêque de Séez ? — Oui, Sire. — Je suis très-mécontent de vous. Vous êtes le seul évêque sur qui j'aie reçu des plaintes. Vous entretenez ici des divisions. Au lieu de fondre les partis, vous distinguez encore entre les constitutionnels et les inconstitutionnels. Il n'y a plus que vous en France qui se conduise ainsi. Vous voulez la guerre civile. Vous l'avez déjà faite ; vous avez trempé vos mains dans le sang français. ***Je vous ai pardonné et vous ne pardonnez pas aux autres*** ; ***misérable*** ! Votre diocèse est le seul en désordre. — Sire, tout y est très-bien. — Vous avez fait une circulaire très-mauvaise (1). — Je l'ai changée. — Je vous ai fait venir à Paris pour vous montrer mon mécontentement, et rien ne vous corrige. ***Vous êtes un mauvais sujet*** ! ***Donnez votre démission sur l'heure.*** — Sire.... — Qu'on mette tout de suite la main sur les papiers de ses secrétaires, dit l'Empereur en se retournant vers le préfet (2). L'évêque sortit alors et le préfet avec lui. Napoléon était fort ému ; il congédia les personnes du lever sans parler à aucune d'elles et tout le monde se retira (3). »

Tel est le récit du comte Rœderer. Les contemporains qui possédaient les détails de cette entrevue, ajoutaient que Napoléon avait dit à Mgr. de Boischollet : « Remettez-moi votre croix ! » L'Evêque alors lui avait rendu sa croix de la Légion d'honneur. — « Maintenant votre croix d'Evêque. — Sire, celle-là me vient du Pape ; lui seul peut me la redemander. »

A ne s'en tenir qu'au récit du Comte Rœderer, la conduite de Napoléon

(1) Sur la célébration des fêtes supprimées.

(2) Le préfet était M. le baron La Magdelaine.

(3) Œuvres complètes du comte Rœderer. t. III. P. 567.

est injustifiable. Personne en effet, moins que le doux et pieux Mgr de Boischollet ne méritait d'être ainsi traité par Napoléon, dont il avait fidèlement et constamment célébré les triomphes et les joies domestiques. La collection de ses Mandements est là pour faire foi de sa loyale conduite à l'égard de l'Empereur.

A l'occasion des victoires d'Austerlitz, d'Iéna, d'Eylau, de Wagram, l'Evêque de Séez ne manqua point à faire chanter les *Te Deum* demandés par l'Empereur ou par ses Ministres, et toujours il s'associa, par des louanges et des actions de grâces, aux gloires de l'épopée napoléonienne. La naissance de l'héritier de l'Empereur fut l'objet de sa dernière Lettre au Clergé et aux fidèles de son diocèse. Il y disait :

« Rendez gloire au Seigneur, nos très-chers frères ; vous êtes témoins des faveurs singulières que nous venons de recevoir de sa bonté ; il affermit sur nous sa miséricorde...

« Que nos temples retentissent d'actions de grâces ; un Prince nous est donné du ciel pour être l'appui de la nation, le soutien du peuple : *Natus est, homo, firmamentum gentis, stabilimentum populi.* » Les échos de ces paroles, écrites le 17 mai 1811, retentissaient encore dans les chaires du diocèse de Séez, lorsque Napoléon adressa à Mgr. de Boischollet les reproches qu'on vient de lire.

Quelques heures après, l'Empereur faisait appeler, dans son cabinet, les grands Vicaires et les Chanoines du Chapitre de Séez. Ce qui se passa dans cette deuxième séance a été très-fidèlement raconté par M. d'Haussonville, de l'Académie française (1). Nous empruntons son récit en supprimant les détails qui ne vont pas à notre sujet.

« Les grands Vicaires et les Chanoines trouvèrent en entrant Napoléon les genoux appuyés sur une chaise dont il tenait le dossier entre ses mains, ce qui était chez lui une attitude assez habituelle. Ils s'apprêtaient à intercéder humblement en faveur de leur Evêque disgrâcié, lorsque l'Empereur entama de rechef, devant eux, une de ces scènes à la fois préméditées et violentes, dans lesquelles il paraissait se complaire plus que jamais. »

La victime des violences de l'Empereur devait être, en cette circonstance, le respectable M. Le Gallois, curé de Couterne, que Mgr de Boischollet avait nommé Vicaire général et chanoine.

« Toujours appuyé sur sa chaise et sans les saluer, Napoléon apostrophant les Chanoines à peine introduits devant lui, leur demanda d'une voix brève : « Quel est, parmi vous, celui qui conduit votre Evêque? » Un de ces Messieurs désigna M. Le Gallois. « Ah ! c'est donc vous ? Et pourquoi ne lui avez-vous pas conseillé d'assister au mariage des Rosières ?.... Pourquoi avez-vous fait faire à votre Evêque cette Circulaire au sujet des Fêtes supprimées ? » A ces questions et à d'autres semblables que l'Empereur, oubliant toute retenue et dignité, entremêlait d'injures grossières à l'égard de l'Evêque, M. Le Gallois fit des répon-

(1) *L'Eglise romaine et le premier Empire*, tome IV.

ses qui eûssent dû satisfaire son terrible interlocuteur, si ses préventions et son humeur fougueuse lui avaient permis d'entendre raison.

Pendant que l'Evêque et son Vicaire général étaient retenus à Alençon, des agents, obéissant à l'ordre de l'Empereur, s'étaient rendus à Séez, avaient visité les papiers et apposé les scellés sur les meubles, puis s'étaient retirés laissant la garde des scellés à un homme de la ville.

Mgr. de Boischollet avait à son service M. et Mme Welter, qui lui étaient tout dévoués. Le mari avait accompagné son maître à Alençon; la femme, restée à l'Evêché, comprit tout ce qu'il y avait à craindre, si les papiers renfermés dans le secrétaire de Sa Grandeur tombaient aux mains de Napoléon. Là se trouvait la correspondance secrète que Mgr. de Boischollet entretenait avec Pie VII, toujours captif à Savone. N'écoutant que son zèle, elle parvient à endormir la vigilance du gardien, et aidée d'un serrurier de Séez (1), elle entreprend de lever les scellés du secrétaire.

Les détails de cette tentative, qui réussit, sont ainsi racontés par un des petits-fils de Mme Welter dans une lettre qu'il nous écrit de Nantes :

« Ma mère, dit-il, avait un profond respect et une vive reconnaissance pour la mémoire de Mgr. de Boischollet, qui avait fait beaucoup de bien à sa famille, et elle nous en parlait souvent.

« Le très-digne Evêque, dévoué corps et âme au saint Pape Pie VII, entretenait, avec son Souverain spirituel, une correspondance suivie et secrète, et il était possesseur de papiers très-importants; ma mère prononçait même le mot de Bulle (2)..... L'Empereur ne pouvait pardonner à un évêque français d'entretenir, malgré ses ordres, des relations avec celui qu'il considérait comme son prisonnier. Monseigneur de Séez sut trouver dans son cœur d'Evêque, et dans son amour pour le St.-Père, la force de ne craindre point le César, et d'obéir à Dieu plutôt qu'aux hommes. L'Empereur l'en punit en usant de violence à son égard et en faisant mettre les scellés sur les meubles du Palais épiscopal. Ma grand'mère, qui possédait toute la confiance de Monseigneur, eut le bonheur de soustraire les papiers attestant les relations de Mgr. de Boischollet avec le Souverain Pontife. Elle put arriver jusqu'au secrétaire où étaient ces fameux papiers, fit chauffer la lame d'un couteau long et mince, et réussit avec un bonheur inespéré à enlever une des cires ; puis, avec l'aide d'un serrurier, elle ouvrit le meuble, en retira les papiers compromettants et les livra aux flammes. Avec le même bonheur, elle parvint à fixer de nouveau la cire, et personne ne put s'apercevoir de ce

(1) Ce serrurier, devenu plus tard gros négociant et membre du Conseil municipal, était né à Séez le 29 juillet 1785 ; il y est mort le 26 mars 1853. Il se nommait Louis-Marin Guérot. Son caractère franc et loyal est resté dans le souvenir de beaucoup de Sagiens.

(2) Sans doute la Bulle d'Excommunication, ou plutôt l'*Acte* très-récent, par lequel Pie VII déclarait nuls les pouvoirs attribués au Cardinal Maury et à M. d'Osmond, nommés le premier au siége archiépiscopal de Paris et le second à celui de Florence.

qu'elle avait fait. Etant donnée la connaissance que j'ai eue du caractère énergique de ma grand'mère, je ne m'étonne pas qu'elle se soit ainsi exposée pour sauver son vénérable maître. »

Ce coup d'audace ne sauva point le bon Evêque ; l'Empereur voulait sa destitution.

A cet effet, l'un des principaux officiers du palais se transporta auprès de lui, et, non sans quelque embarras, lui signifia, au nom de l'Empereur, qu'il n'avait désormais d'autre parti à prendre que de se retirer. L'Empereur lui avait dit, en effet, qu'il l'exilait. Comme on ne lui fixait point le lieu de son exil, il demanda fièrement : Où m'envoie-t-on? « A Nantes provisoirement, » lui fut-il répondu.

Ce provisoire ne devait pas tarder à avoir pour terme la mort du pieux prélat.

« Quant à M. Le Gallois, dit M. d'Haussonville, quarante-huit heures après son entrevue avec l'Empereur, il fut arrêté dans le palais épiscopal et amené entre deux gendarmes dans la prison d'Alençon. Conduit, de brigade en brigade, jusqu'à la Force, à Paris, il y fut retenu onze jours au secret, couchant sur la paille encore chaude d'un malheureux qui venait d'être conduit à l'échafaud. »

On ne trouva contre lui aucun grief, ce qui n'empêcha pas Napoléon de prononcer contre lui cette sentence : « Ce chanoine a trop d'esprit, c'est un homme dangereux ; qu'on le mette à Vincennes. »

M. Le Gallois y passa en effet neuf mois, cruellement atteint d'une attaque de paralysie ; il n'obtint de sortir de prison que pour être détenu dans la maison de santé où étaient alors enfermés les deux MM. de Polignac, et la chute de l'Empire mit seule fin à sa captivité.

Les détails de cette persécution, indigne d'un souverain, qui doit respecter la justice, indigne surtout de celui qui avait rendu la religion catholique à la France, par le Concordat, ces importants détails se trouvent résumés et confirmés dans la lettre suivante, écrite par Napoléon lui-même, à son ministre des cultes, le 2 Juin 1811.

« J'ai chassé de chez moi l'Evêque de Séez, et j'ai fait arrêter et con-
« duire à Paris un de ses chanoines nommé Le Gallois, et j'ai fait mettre
« des scellés sur ses papiers. Le ministre d'Etat vous enverra la démis-
« sion de l'Evêque. Il est impossible d'avoir un plus mauvais esprit, et
« tout allait mal dans ce diocèse. »

Nous ne relevons point ce que le style de l'Empereur a de gratuitement injurieux pour la personne et le caractère du très-respectable Mgr. de Boischollet. Napoléon manqua souvent de mesure dans son langage, et les mots bannis de la bonne compagnie se trouvaient trop facilement dans ses invectives (1).

Monseigneur de Boischollet dut quitter son cher diocèse et cette ville de Séez, où il avait parfois rencontré l'épreuve et la contradiction, mais

(1) C'est ce qui fit dire un jour à M. de Talleyrand : « Quel dommage qu'un si grand homme ait été si mal élevé ! »

dont la population, toujours affectionnée à ses évêques, rendait justice à la pureté de son zèle et connaissait sa charité pour les pauvres. Elle ressentit douloureusement le coup violent qui la privait de son premier pasteur.

Bien que le saint Evêque acceptât en vrai chrétien le dur traitement dont il était l'objet, son chagrin cependant fut tel, qu'il ne put s'empêcher de dire : « La foudre m'a frappé ; je suis comme ces vieux arbres qu'elle « atteint et qui ne s'en relèvent jamais entièrement, quoiqu'ils ne paraissent que faiblement endommagés. »

Il se retira à Nantes, d'abord à un quart de lieue de la ville, puis il vint habiter, en face de la cathédrale, une maison fort modeste où il vivait pauvrement.

« Sa vie à Nantes, nous écrit-on, fut ce qu'elle avait été à Séez, toute dévouée à Dieu et au bien des âmes. Il la partageait entre la prière et les œuvres de la charité.

« Quoique réduit presque à la pauvreté, il donnait toujours, et sa bienfaisance était telle qu'il fallait en modérer les élans.

« Exilé de son Eglise, il ne voulut, en aucune façon, laisser paraître au dehors sa dignité d'évêque. Mgr Duvoisin, alors évêque de Nantes, étant absent de sa ville épiscopale à l'époque de la Fête-Dieu, le fit inviter, de Paris, à officier pontificalement et à porter le Très-Saint Sacrement à la procession solennelle. Mais lui, se regardant comme un pasteur arraché à son troupeau, remercia, ne voulant point accomplir les fonctions sacrées en dehors de sa cathédrale de Séez, hélas ! qu'il ne devait plus revoir. »

Il nourrissait néanmoins, dans sa retraite forcée, l'espérance d'être rendu à son troupeau, lorsqu'il fut frappé d'une attaque de paralysie, qui lui enleva l'usage de la parole ; et, après de violentes douleurs, le conduisit, en deux ou trois jours, au tombeau. Il rendit son âme à Dieu le 23 février 1812.

En ensevelissant son corps, on trouva sur lui le cilice qu'il avait toujours porté.

Il ne paraît pas qu'il ait fait de testament. Quatre chasubles, le calice et les burettes en vermeil, qui lui avaient appartenu, sont conservés au château de St. Thomas, en la paroisse de St.-Etienne-de Montluc. On pense que le vénéré prélat, réduit à la plus grande pauvreté, avait vendu ce calice et ces ornements peu de temps avant sa mort.

Ses obsèques eurent lieu à la cathédrale de Nantes, comme on le voit par l'acte suivant, relevé sur le registre de la paroisse :

« Le vingt-quatre février mil huit cent douze, a été présenté dans cette église, la cérémonie faite par le Chapitre de la cathédrale (sic), et ensuite transporté dans la paroisse de St.-Etienne de Montluc, le corps de Mgr Hilarion-François de Chevigné de Boischollet, évêque de Séez, baron de l'Empire, membre de la Légion d'honneur, décédé hier, place St.-Pierre, âgé de soixante-cinq ans, en présence des soussignés :

Signé Boscher, vic.

Mgr de Boischollet avait demandé à son cousin-germain, M. de Chevigné, beau-père de Mme la comtesse douairière, aujourd'hui propriétaire du château de St.-Thomas, de vouloir bien concéder à son corps la sépulture dans le tombeau de famille. Cette grâce lui fut généreusement accordée.

Exhumé, le 3 novembre 1865, du lieu où il avait reposé tout d'abord, il fut transporté dans la nouvelle chapelle du château. Il y reposait, lorsque Mme la comtesse douairière de Chevigné, obtempérant aux pieuses instances de Sa Grandeur Mgr. Charles-Frédéric Rousselet, évêque de Séez, lui a concédé les restes de son vénéré prédécesseur, pour être rendus à l'Eglise dont il avait été violemment et injustement séparé.

Voici le procès-verbal constatant l'exhumation et la remise du corps de Mgr. de Boischollet à M. l'abbé Lebreton, Vicaire général de Séez.

Exhumation et translation du corps de Monseigneur Hilarion-François de Chevigné de Boischollet, Evêque de Séez.

—

« L'an du Seigneur mil huit cent soixante-quinze, le onzième jour du mois de mars, M. l'abbé Lebreton, Vicaire général, délégué de Mgr Rousselet, Evêque de Séez, et M. l'abbé Durassier, chanoine honoraire, Secrétaire général, délégué de Mgr Fournier, Evêque de Nantes, se sont transportés au château de St-Thomas, paroisse de St-Etienne-de-Montluc, et là, en présence de Mme la comtesse douairière de Chevigné, de M. le comte Gaston de Chevigné, et de M. le comte Adhéaume de Chevigné, ainsi que de M. l'abbé Guihéneuf, ancien curé de Reu, et de MM. Derouet, Gérard, Lefeuvre et Fresneau, ont procédé à l'exhumation du corps de Mgr de Chevigné de Boischollet, Evêque de Séez, inhumé, après une première translation, faite le 3 novembre 1865, dans le caveau de famille placé sous la chapelle de Mme la comtesse de Chevigné.

« Après l'ouverture du caveau, les ossements du Prélat, renfermés dans un petit cercueil en bois, portant cette inscription :

MONSEIGNEUR CHEVIGNÉ, 1812,

ont été pieusement déposés, en présence des témoins soussignés, dans un double cercueil en plomb et en bois, soigneusement fermé sous leurs yeux. — Puis le corps du vénéré Pontife a été transporté dans la chapelle, où M. l'abbé Lebreton a célébré la messe des Morts.

« Quelques heures plus tard, grâce au généreux et chrétien désintéressement de Mme la comtesse de Chevigné et de sa famille, le corps de l'illustre prélat, accompagné de MM. Lebreton et Durassier, quittait le château de St. Thomas, pour être rendu au diocèse qu'il avait si sagement administré et édifié par ses vertus et son indéfectible attachement au St. Siége. »

Les restes de Mgr de Boischollet, transportés à Séez, ont été, comme ceux de Mgr d'Argentré, provisoirement déposés dans la chapelle de l'Evêché, en attendant le jour de leur sépulture dans les caveaux de la cathédrale.

Monseigneur Jean-Baptiste du Plessis d'Argentré et Monseigneur Hilarion-François de Chevigné de Boischollet, représentent l'ancien et le nouveau diocèse de Séez. L'un termine un passé de dix-sept siècles, l'autre commence l'avenir. Cette fin et ce commencement ont été glorieux, et cette double gloire s'unit pour former un lien puissant.

En 1790, Mgr d'Argentré rendit témoignage à la suprématie du Pontife romain et partit pour l'exil. En 1811, Pie VII était en prison ; Mgr de Boischollet, selon la remarque d'un de ses biographes assez peu bienveillant à son égard, « fut l'homme lige du Pape, et Napoléon s'en irrita (1)». Par là, il mérita d'être enveloppé dans la persécution exercée alors contre le Souverain-Pontife et contre ceux qui ne craignaient pas de se déclarer ses adhérents.

Mgr d'Argentré, c'est la foi qui parle, parce qu'elle croit : *Credidi, propter quod locutus sum* ; Mgr de Boischollet, c'est le dévouement qui agit, parce qu'il aime. Le principe de cette foi et de cet amour, c'est l'attachement à l'Eglise romaine, centre de vérité. C'est dans ce sentiment que l'ancien et le nouveau diocèse de Séez se sont rencontrés pour n'en former qu'un seul.

Il convenait que les deux saints Evêques, artisans de cette précieuse union, ne demeurassent point divisés par un perpétuel exil, mais que leurs cendres trouvassent un même repos à l'ombre de cette cathédrale et de cette chaire des évêques de Séez, qu'ils ont illustrées par la confession de la foi, le zèle du salut des âmes, la souffrance endurée pour la cause et le nom de Jésus-Christ.

Qu'ils dorment, dans la paix du Seigneur, leur sommeil parmi nous, et qu'en retour de la pompe triomphale dont elle a voulu entourer leurs ossements, l'Eglise de Séez obtienne un attachement ferme et inébranlable à la vérité et à la charité de Notre Seigneur Jésus-Christ, pour lesquelles nos deux vénérables Pontifes ont été jugés dignes d'endurer la persécution et de mourir en exil !

(1) *Revue des Provinces de l'Ouest.— Notice sur le Bourg de l'Hébergement.*

www.ingramcontent.com/pod-product-compliance
Ingram Content Group UK Ltd.
Pitfield, Milton Keynes, MK11 3LW, UK
UKHW020453230726
13925UKWH00005B/1901

9 782014 034493